A. CHÉLU PACHA

MARIETTE PACHA

LE CAIRE
F. DIEMER, Libraire-Éditeur
FINK & BAYLAENDER, Succ.
1911

MARIETTE PACHA

NOUVELLE EDITION
REVUE ET AUGMENTÉE

Du même Auteur :

L'Agriculture en Égypte, 1883.

Magie et Sorcellerie, 1886.

De Khartoum à la Mer Rouge, 1890.

Le Nil, Le Soudan, l'Égypte, 1891.
Ouvrage couronné par la Société de Géographie de Paris.

Égyptologie française et égyptienne, 1897.

Mariette Pacha, 1900.

Le Nil et son Bassin, 2 vol., 1910.

Souvenirs, Lettres, Essais, Fragments, 7 vol. (en préparation).

AUGUSTE MARIETTE PACHA

FONDATEUR DU SERVICE DES ANTIQUITÉS ET DES FOUILLES
D'ÉGYPTE.

1821-1881.

A. Chélu Pacha

MARIETTE PACHA

LE CAIRE

F. Diemer, Libraire-Éditeur

Fink & Baylaender, Succ.

1911

SOMMAIRE

TABLE DES ILLUSTRATIONS

HORS TEXTE

DANS LE TEXTE

I

MARIETTE PACHA

NOTES BIOGRAPHIQUES

MARIETTE PACHA

Notes Biographiques

MARIETTE (Auguste, Ferdinand, François), voyageur et archéologue français, né à Boulogne-sur-Mer le 11 février 1821, fit au collège de cette ville de solides études en histoire, en physique et en chimie. Il y acquit une sérieuse connaissance du latin, du grec et de l'anglais. Tout jeune encore, il alla en Angleterre professer le dessin et le français. En 1840, il était dessinateur industriel à Coventry, dans le comté de Warwich. Mais atteint du mal du pays, il retourna, la même année, à Boulogne ; il y reprit ses études et, en mars 1841, il obtenait sa licence ès-lettres de la Faculté de Douai, avec mention honorable.

Il fut ensuite et simultanément professeur au collège de Boulogne, dont il avait été un des meilleurs élèves, peintre, rédacteur en chef d'un journal local, romancier feuilletoniste et, entre-temps, archéologue. Ses œuvres littéraires, bien que prématurées et hâtives, sont néanmoins marquées déjà du sceau de la plupart des qualités : grande habileté de discussion, clarté et vigueur de style, qui valurent plus tard la célébrité à leur jeune auteur.

Une caisse de momie achetée par le musée de Boulogne, et, un peu plus tard, le classement et l'inventaire des papiers laissés par son cousin Nestor L'Hote, ami et compagnon de voyage de Champollion, décidèrent de la carrière de Mariette. Il s'adonna dès lors, avec passion, à l'étude des écritures anciennes de l'Egypte, hiéroglyphique et copte. Il avait trouvé sa voie. Il s'y lança avec la résolution de ne point revenir en arrière.

En 1847, il publia *le Catalogue analytique de la Galerie égyptienne du Musée de Boulogne-sur-Mer*. Attaché provisoirement, en 1849, au Musée du Louvre, il s'y faisait distinguer de Longpérier et de Charles Lenormant, qui lui obtinrent une mission à accomplir en Egypte. Mariette débarqua, en octobre 1850, sur cette terre où il devait s'illustrer. Il se mit en devoir de rechercher les manuscrits arabes, coptes, syriaques et éthiopiens, qu'il devait acquérir pour compléter les collections du Musée du Louvre. Le but qu'il poursuivait lui ayant échappé, le jeune savant songeait tristement au retour et aux suites de son insuccès, lorsque son attention fut attirée par des monuments provenant des lieux autrefois occupés par Memphis, métropole disparue des Pharaons de plusieurs dynasties. Des passages lus dans les auteurs anciens se représentèrent à sa mémoire et l'incitèrent à entreprendre des fouilles. Après de multiples et décevantes alternatives et d'angoissantes anxiétés, il découvrit enfin le temple de Sérapis, les tombeaux des Apis et une multitude de monuments. Cette découverte produisit dans le monde savant une immense impression ; elle eut un retentissement universel. L'heureux découvreur, sacré égyptologue, reçut de nouvelles subventions du Gouvernement français pour continuer ses fouilles qu'il poursuivit pendant quatre années. Une allocation du duc de Luynes lui permit de mettre à nu le colosse du Sphinx qu'il reconnut être taillé dans le roc. Conduits avec volonté et sagacité ses travaux mirent à jour une foule d'objets précieux, bijoux, stèles, inscriptions et bas-reliefs.

Mariette revint en France en novembre 1854. Son retour fut un véritable triomphe. Les savants célébrèrent, à l'envi, ses travaux et son incomparable découverte. De 1854 à 1857, il visita les musées égyptiens des grandes capitales européennes, complétant ainsi ses études, et retrouvant les monuments dispersés dont l'Égypte avait été dessaisie. C'est

TOMBE PROVISOIRE DE MARIETTE, À BOULAQ

en 1857 qu'avec l'autorisation du Gouvernement français, il fut rappelé au Caire avec le titre de Directeur général du Service des Antiquités d'Égypte. Le vice-roi Saïd Pacha lui conféra en même temps le grade de Bey. À partir de cette époque, la vie de Mariette ne fut plus qu'une série ininterrompue de travaux couronnés par de constants et glorieux succès. Son œuvre est à grands traits résumée dans les pages suivantes.

Organisateur du Service de conservation des antiquités égyptiennes, Mariette édifia le célèbre Musée de Boulaq, dont la renommée devint bientôt universelle. Après l'avoir reconstitué, il présida longtemps l'Institut Égyptien dont il resta le président d'honneur. Mariette fut enfin l'inspirateur de la création au Caire de l'École Française d'archéologie orientale.

La fortune traita en marâtre Mariette qui, désintéressé comme le sont tous les hommes exclusivement voués à la science, lutta toute sa vie contre la gêne. Pauvre d'argent, il fut comblé d'honneurs et de gloire. L'Académie des Inscriptions et Belles-Lettres, dont il était correspondant depuis 1863, lui accorda son grand prix biennal en 1873 ; elle le titularisa à l'unanimité en 1878. Sa mémorable découverte, dans le sanctuaire de Karnak, des deux cent trente noms des peuples vaincus en Asie et en Afrique par Thoutmès III, et de douze cents noms de lieux, lui valurent une des grandes médailles d'or de la Société de Géographie de Paris. La France le fit successivement chevalier, officier, puis commandeur de la Légion d'honneur. Les souverains d'Europe lui conférèrent leurs décorations les plus enviées. L'Egypte l'éleva au grade de Grand officier du Medjidieh et à la dignité de Pacha, à une époque où de très rares européens étaient honorés de ces hautes distinctions.

Atteint dès 1873 de l'impitoyable maladie qui ruina sourdement depuis son athlétique constitution, Mariette était dans un état des plus graves quand, dans l'été de 1880, il alla demander au pays natal une atténuation à son mal. Ce fut en vain : il était mortellement frappé lorsqu'en novembre il regagna l'Egypte. Ses derniers jours furent une cruelle agonie où sa forte nature luttait contre la mort sans que son intelligence s'obscurcît. Quelques semaines plus tard, il succombait jeune encore, en pleine renommée, en pleine gloire. Ce grand savant, ce noble serviteur de l'Egypte, cet illustre enfant de la France, entra définitivement dans l'immortalité le 17 janvier 1881. Il n'avait pas soixante ans !

Son corps, resté à l'Egypte, repose dans un magnifique sarcophage que lui érigèrent ses amis et ses admirateurs dans le jardin du Musée de Boulaq, entre les statues colossales de Ramsès II et de Thoutmès III. Lui-même s'est élevé des monuments durables, indestructibles, par ses glorieux travaux qui sont l'honneur de son nom et de notre mère-patrie.

La ville qui lui a donné le jour a rappelé son souvenir et ses œuvres immortelles, par une statue de bronze inaugurée, en 1882, sur une des places de Boulogne-sur-Mer.

A l'homme qui fit surgir l'Egypte antique des ruines et des sables qui l'ensevelissaient ; à l'illustre archéologue qui reconstitua son long passé oublié, l'Egypte contemporaine doit une reconnaissance dont elle n'a pas marchandé les témoignages à sa mémoire vénérée.

TOMBEAU DÉFINITIF DE MARIETTE PACHA, À BOULAQ

II

LA MAISON DE MARIETTE

MAISON DE MARIETTE, A BOULAQ

LA MAISON DE MARIETTE

(SOUVENIRS)

Pour les non-initiés, rien ne distinguait des masures environnantes le célèbre Musée de Boulaq et la vieille maison de son illustre fondateur. Voici comment je vois encore ce lieu où Mariette vécut plus de vingt années :

Un long mur, toujours existant, en constituait la clôture extérieure. On accédait à l'intérieur par une grande porte d'aspect quelque peu rébarbatif. Mais, dès qu'il en avait franchi le seuil, le visiteur était saisi par la physionomie à la fois riante et mystérieusement poétique du spectacle qui s'offrait à ses yeux. C'était d'abord une vaste cour en terrasse d'où la vue dominait le Nil et ses ravissantes perspectives ; de beaux arbres ombrageant de nombreux monuments : sarcophages, sphinx, statues des antiques Pharaons, de dimensions gigantesques et disproportionnées aux salles restreintes du Musée.

Sur l'autre rive, l'épais rideau de la belle avenue de sycomores de Ghézireh. Puis, des plans successifs de verdure allant en s'effaçant se perdre dans l'éloignement avec, tout au fond, la silhouette des deux grandes pyramides de Ghizeh.

A droite, à l'extrémité de l'enclos, se dressait, élégante et neuve, la façade du nouveau Musée. A gauche, la maison pour ainsi dire inhabitable du fondateur : en été, pendant la crue du Nil, l'eau en envahissait l'étage inférieur ; des plafonds délabrés tombait la poussière des ruines ; l'escalier branlant menaçait de s'écrouler : sur les balcons dangereux nul n'osait s'aventurer. L'humidité glaciale y régnait en hiver, succédant au retrait du fleuve.

Investi durant vingt-trois ans de la confiance et de l'amitié des vice-rois d'Egypte ; jouissant d'une réputation prestigieuse en Europe ; mais modeste à l'excès, libéral et indifférent au bien-être, Mariette se donna tout à l'œuvre qu'il créa pour l'Egypte et pour la science mondiale. Il s'oublia lui-même avec un insouciant désintéressement. S'il eût demandé un palais, on le lui eût octroyé. Les années les plus étincelantes de sa vie s'écoulèrent cependant dans cette demeure incommode, malsaine, où il voulut revenir pour clôturer à jamais sa longue et glorieuse carrière.

Ce pauvre logis constitua néanmoins, pendant longtemps, un irrésistible centre d'attraction intellectuelle pour quiconque avait un nom dans les sciences, les lettres et l'art. Nul voyageur de marque, quelle que fût sa nationalité, ne quitta l'Egypte sans avoir sollicité d'être admis à présenter, à l'illustre archéologue français, l'hommage de son admiration.

On n'abordait pas sans quelque appréhension cet homme à physionomie sévère et heurtée, dont l'extérieur annonçait une de ces âmes profondes, toujours unies et calmes à la surface. En Mariette, la taille élevée, les longs plis presque rudes du visage, les gestes rares et précis constituaient une grandeur physique imposante, même pour le vulgaire. La gravité des pensées, celle de la parole et de l'accent, s'harmonisaient en lui à cette grandeur physique et lui imprimaient quelque chose de hautain, aussitôt démenti par l'aménité de l'accueil et par une de ces voix qui vont au cœur. Toute appréhension était alors dissipée : l'on était conquis ; le maître comptait un admirateur de plus.

En cet athlète, le génie se complétait d'une exquise et ingénieuse bonté, dont multiples sont les preuves. Aussi, peu d'hommes inspirèrent au même degré que notre grand compatriote, l'affection et l'attachement : ces sentiments, les lui voua quiconque eut l'honneur de l'approcher, de le connaître et de l'apprécier. Disons aussi que nul savant ne fut moins critiqué, moins discuté.

COUR DE LA MAISON DE MARIETTE A BOULAQ

About, Renan, de Rougé, Desjardins, Paul Baudry, Melchior de Vogüé, pour ne citer que ces quelques noms, parmi tant d'autres, furent les hôtes aimés et fidèles de la vieille maison de Boulaq. Tous en emportèrent, avec une profonde et respectueuse affection, l'inaltérable souvenir des jours passés auprès d'un des esprits les plus vigoureux, les plus nets, les plus élevés qu'ait produits le XIXme siècle.

La plume d'un About ou d'un de Vogüé pourrait seule décrire l'enchantement infini des soirées où, entouré d'un groupe familier de sommités intellectuelles, Mariette initiait ses auditeurs aux mystères de l'Egypte antique, décrivait la civilisation, la religion, la législation de ce peuple déjà vieux quand le reste du monde était encore en enfance et barbare.

Emus et charmés, tous étaient suspendus aux lèvres du maître, dont la parole magistrale coulait claire, colorée, lumineuse, pendant de longues, mais trop rapides heures. Ces entretiens avaient souvent pour théâtre le cabinet de Mariette, vaste pièce décorée de fresques égyptiennes, remplie de livres et d'antiquités. Parfois aussi, c'était dans le plein air de la grande cour du Musée qu'à la tombée du jour s'assemblaient le savant et ses admirateurs.

Quel plus merveilleux cadre eût-on pu rêver pour ces inoubliables instants, que les beaux ombrages de Boulaq et les monuments cent fois séculaires, témoins du génie investigateur et de la science infaillible de Mariette. Et le Nil coulant magnifique entre ses rives pittoresques et protectrices. Le tout doré, poétisé par les splendeurs intraduisibles des couchers du soleil égyptien.

L'auteur de ces pages n'est, ni savant, ni artiste, ni littérateur. Ce n'est donc à aucun de ces titres, mais comme ami modeste et d'un dévouement absolu, qu'à partir de 1872 il fut admis au nombre des hôtes de Boulaq. Le temps n'a rien atténué de son attachement affectueux, filial, resté intact, bien que depuis vingt années Mariette soit couché dans la tombe. En témoignage de sa vénération pour son illustre concitoyen qui le fit naître à la vie intellectuelle et l'honora de son amitié, il se promit de faire rendre à la mémoire du grand savant un dernier et éclatant hommage.

Cette promesse est aujourd'hui réalisée. Reconnaissante au même titre que la France, l'Egypte, seconde patrie de Mariette, va lui ériger une statue ; elle a déjà donné son nom à celui des boulevards du Caire où s'élève le nouveau Musée de Kasr-el-Nil.

Le Caire, le 1er janvier 1902.

MUSÉE DE BOULAQ

III

TRANSFERT DES CENDRES DE MARIETTE PACHA

---

14 Février 1890.

TRANSFERT DES CENDRES DE MARIETTE PACHA

INAUGURATION DU MONUMENT
ÉLEVÉ A LA MÉMOIRE DU GRAND SAVANT FRANÇAIS

MESDAMES, EXCELLENCES, MESSIEURS ([1]),

On a avancé que les habitants de la vallée du Nil avaient un défaut de mémoire particulier à cette antique terre des Pharaons, que l'on oubliait vite, en Egypte, où l'homme tombé le matin est inhumé le soir, où son souvenir suit généralement dans le tombeau sa dépouille mortelle et où même les plus favorisés ne laisseraient après eux qu'un souvenir aussi fugitif que la trace du voyageur sur le sable du désert.

On ne saurait se ranger à cette opinion sans commettre à la fois une grossière erreur et une grave injustice, aussi bien en ce qui concerne le passé que pour le présent :

En ce qui concerne le passé, nulle nation n'a, en effet, témoigné plus de respect pour ses morts que le peuple égyptien ; nul plus que lui n'a voulu perpétuer les noms de ceux qui jouèrent un rôle marquant, au cours de sa longue histoire, noms à jamais gravés sur les monuments innombrables et quasi indestructibles qui se dressent, à chaque pas, sur les bords du grand fleuve d'Egypte.

Quant au présent, ne voyons-nous pas autour de nous la manifestation la plus éclatante du respect de l'Egypte pour ceux qui ne sont plus ? ne sommes-nous pas dans le palais

---

([1]) Discours prononcé le 14 février 1890 par A. CHÉLU BEY, Représentant de a famille de Mariette Pacha.

transformé, par la munificence de S. A. le Khédive, en un temple où l'honorable successeur de Mariette a rassemblé, avec un soin jaloux et tant d'art, les merveilles que nous a léguées une civilisation antérieure, peut-être, à celles de l'Extrême Orient et mère, à coup sûr, de celle qui régna depuis sur le monde connu.

Et, bien que près de dix années déjà se soient écoulées depuis que Mariette pacha, trop hâtivement moissonné, trop tôt enlevé à l'affection des siens et à l'admiration du monde savant, s'est couché dans la tombe, quel est celui, entre tous ceux qui l'ont connu, qui ne se souvienne de cette grande figure, de l'émotion qui s'empara de tous les habitants du Caire, sans distinction de nationalité, à la nouvelle de sa mort et ne se rappelle ses funérailles d'une magnificence telle, que l'Egypte n'en vit et n'en reverra peut-être jamais de semblables ?

On n'a pu oublier qu'en récompense des services rendus à la science et à l'Egypte, S. A. le Khédive voulut bien décréter que les cendres de ce grand savant, de cet homme de bien, reposeraient sur les bords mêmes du Nil qu'il avait tant aimé, près des monuments qu'il a découverts et du Musée qu'il a créé.

Pareil au soldat frappé sur le champ de bataille, Mariette repose sur cette terre d'Egypte qu'il fouilla avec tant d'ardeur et un bonheur qui ne s'est, pour ainsi dire, jamais démenti ; sur cette terre où il voulut revenir pour mourir, et qui fut aussi son champ de bataille et son champ d'honneur.

Mais, depuis Mariette, les recherches de MM. Maspero et Grébaut, continuateurs de son œuvre et ses dignes émules, avaient amené la découverte de nouveaux monuments. Les salles du Musée de Boulaq, déjà encombrées, devinrent trop étroites ; il fallut songer à les remplacer par de plus vastes.

C'est alors que S. A. le Khédive, avec une générosité dont peu de souverains ont donné l'exemple, offrit un de ses palais, le plus beau et le plus somptueux, pour abriter les collections, uniques au monde, primitivement formées par Mariette.

INAUGURATION DU TOMBEAU DE MARIETTE, A GHIZEH
14 février 1890

Qu'allait devenir le tombeau de l'illustre savant à la suite du déplacement du Musée ? Telle fut la question que se posèrent avec anxiété la famille de Mariette pacha, la ville de Boulogne-sur-Mer où il est né, ses nombreux amis, l'Institut de France et le Comité à qui l'on doit le magnifique sarcophage où il repose du dernier sommeil.

De toutes parts, des lettres alarmées affluèrent à l'Agence de France.

Persuadé que l'auguste souverain de l'Egypte veillait sur la mémoire de celui qui fut son serviteur fidèle et dévoué et animé de la confiance la plus absolue, M. le comte d'Aubigny calma toutes les inquiétudes et toutes les anxiétés. Cette confiance fut pleinement justifiée et si, à Ghizeh comme à Boulaq, Mariette pacha repose à la place d'honneur c'est, je suis heureux de le proclamer, grâce à la volonté spontanément exprimée de S. A. Méhémet Tewfik Pacha, vice-roi d'Egypte.

Cette nouvelle faveur, marque royale de haute estime et de sollicitude, est de plus un insigne hommage rendu à la science, dont Mariette pacha fut un des représentants les plus autorisés ; à sa ville natale et à son pays, dont il fut un des plus illustres enfants, à l'Egypte, qui s'honore d'avoir pu compter au nombre de ses serviteurs un homme d'un aussi grand talent et d'une notoriété aussi universelle, et à sa famille qui m'a confié le difficile honneur d'exprimer ici ses sentiments de profonde et respectueuse gratitude pour S. A. le Khédive.

La famille m'a, en outre, donné la mission d'exprimer sa vive reconnaissance :

A LL. EE. les Ministres et hauts fonctionnaires du Gouvernement Egyptien ; au Corps diplomatique ;

A MM. les Membres du Comité des Musées, qui ont bien voulu rehausser de leur présence l'éclat de cette cérémonie ;

A l'Institut d'Egypte, dont l'honorable président S.E. Abbate pacha vient de retracer, en termes si éloquents, la vie, l'œuvre de Mariette et le rôle prépondérant de son ami illustre et à jamais regretté, dans le sein de cette savante compagnie dont il présida si longtemps les travaux ;

Au savant distingué, à M. Grébaut, directeur général du Musée, qui s'est efforcé de faciliter ma mission ;

Aux membres des diverses colonies qui honorent cette cérémonie de leur présence, témoignant ainsi en quelle estime et en quel honneur ils tiennent la mémoire du grand savant français.

TOMBE DE MARIETTE, A GHIZEH

IV

LETTRE A M. RIBOT
Président du Conseil des Ministres.

ANNEXE :

Note adressée à M. COGORDAN, Ministre de France.

A M. Ribot,

Président du Conseil des Ministres, Ministre des Finances,
Député du Pas-de-Calais.

Venise, le 5 Juillet 1895.

Monsieur le Président,

J'ai l'honneur de vous exposer ce qui suit :

En reconnaissance des immenses services rendus par notre
illustre compatriote, Mariette pacha, le Gouvernement Egyptien décida que ses cendres reposeraient près des monuments
découverts et du Musée créé par le grand savant français.
Cette décision, sans précédent, permit aux amis et admirateurs de Mariette de lui élever, en terre musulmane, un
magnifique sarcophage, qui fut transféré, en 1890, au palais
de Ghizeh, par suite de la désaffectation du Musée de Boulaq.
Ghizeh n'offrant, au point de vue de la conservation des
antiquités, que des garanties de sécurité très relatives, le
Gouvernement Egyptien a mis au concours un projet de
nouveau Musée, à édifier à Kasr-el-Nil, sur la rive droite du
Nil, dans la ville même du Caire.

En ma qualité d'allié et de représentant en Egypte de la
famille Mariette pacha, j'ai soumis à M. le Ministre de France
une note, dont je prends la respectueuse liberté de vous
transmettre, ci-joint, la copie. Cette note approuvée sans
réserve par M. de Morgan, directeur général actuel du Musée
des Antiquités Egyptiennes, relate les dispositions à prendre
en vue de la translation de Ghizeh à Kasr-el-Nil, du sarco-

phage de Mariette. M. Cogordan a bien voulu accueillir favorablement ma communication : Il s'efforcera d'obtenir le concours le plus large du Gouvernement Egyptien.

Au cours d'une récente audience, M. le Ministre de France m'a conseillé de solliciter votre haut et bienveillant intermédiaire pour obtenir que le Ministère des Affaires Etrangères veuille bien le saisir de la question du dernier hommage à rendre à la mémoire de Mariette. L'intervention officielle du Département dont relève l'honorable et dévoué représentant de la République en Egypte, donnera tout le poids désirable à ses prochaines démarches.

Insisterai-je sur ce qu'on ne saurait trouver un nom plus glorieux pour nous et qu'il fût plus légitime de faire résonner aussi souvent que possible ? N'est-il pas juste que chacun de nous s'applique à rehausser l'éclat qui s'attache au souvenir de Mariette, éclat qui rejaillit sur la France et affirme sa part, grande, glorieuse et désintéressée dans la régénérescence de l'Egypte ?

La ville de Boulogne-sur-Mer, la famille et les amis de Mariette vous sont, par avance, reconnaissants de ce qu'il vous agréera de faire pour assurer le succès de l'œuvre dont j'ai cru devoir prendre l'initiative.

Veuillez agréer, etc.

A. CHÉLU Bey,
Mandataire de la famille de Mariette Pacha.

Annexe.

NOTE PRÉSENTÉE A M. COGORDAN, MINISTRE DE FRANCE

STATUE A ÉRIGER A MARIETTE PACHA, TRANSLATION DE SES CENDRES.

Les splendides collections, uniques au monde, rassemblées par Mariette pacha dans son musée de Boulaq, furent transférées à Ghizeh en 1890 par ordre du Gouvernement égyptien. Pour lui éviter un déplacement qu'il jugeait peu respectueux pour la mémoire de l'homme dont il avait recueilli la succession, le haut fonctionnaire alors Directeur général du service des Antiquités avait, en principe, décidé de laisser à Boulaq (¹) le tombeau de son illustre prédécesseur, du créateur, en Égypte, de l'égyptologie française. Je protestai au nom de la famille du grand savant. Que deviendraient ses cendres dans l'enclos déserté de Boulaq ? Les y abandonner, ne serait-ce pas les vouer à un inéluctable oubli. Je luttai pour que le sarcophage où le grand découvreur français dort son dernier sommeil, suivit à Ghizeh ses chers monuments. Malgré les obstacles accumulés comme à plaisir pour me lasser, le succès fut complet. Si le tombeau n'est pas aujourd'hui délaissé ainsi que les "Santons" qu'on rencontre à chaque pas dans la Vallée du Nil et le Delta, où ceux dont ils abritent l'humble dépouille mortelle n'ont pas laissé plus de trace que ceux qui les édifièrent ; si, dis-je, le tombeau de Mariette occupe à Ghizeh la place d'honneur que voulut bien lui assigner lui-même le souverain de l'Egypte, c'est, pourquoi

---

(¹) Aujourd'hui transformé en entrepôt pour le sel.

le dissimulerai-je, grâce à ma ténacité qui eut à la longue
raison d'une volonté mal inspirée.

La reconstruction projetée du Musée des Antiquités et
l'abandon prochain qui s'en suivra du palais de Ghizeh,
m'imposent, à nouveau, le devoir de m'occuper, sans plus
tarder, de la destination, dernière cette fois, je l'espère, à
donner au tombeau de Mariette. Le Directeur général actuel
du Musée m'a offert à ce sujet son précieux concours : M. de
Morgan veut bien associer ses efforts aux miens pour rendre
à la mémoire de son prédécesseur un suprême hommage et
en consacrer ainsi définitivement le souvenir. Dans un récent
entretien, nous nous sommes entendus sur le côté artistique
de la question ; et, sous la réserve de la haute approbation de
M. le Ministre de France, nous avons arrêté, comme suit, les
dispositions à prendre en vue de la translation dernière du
sarcophage de Mariette :

" Réserver au sarcophage un emplacement en face de
l'entrée principale du nouveau Musée " ;

" Edifier un piédestal monumental de granit ou d'albâtre
au sarcophage, en remplacement de la construction mesquine
et sans caractère qui lui sert actuellement de piédestal. Sur
les côtés latéraux du nouveau piédestal, des bas reliefs, en
marbre ou en bronze, rappelleraient quelques-uns des faits
les plus saillants de la carrière de notre célèbre compatriote.
Ainsi reconstitué, le tombeau de Mariette serait entouré d'un
parterre fleuri et clôturé d'une belle grille en fer " ;

" Eriger au milieu du rond-point, en dehors de l'enceinte
du Musée, une statue ou tout au moins un buste de Mariette ;
(j'ai fait appel à divers artistes, notamment à Jacquemart,
auteur de la statue élevée par la ville de Boulogne-sur-Mer
à Mariette Pacha) " ;

" Donner le nom de Mariette à la voie qui mènera directement au Musée de Kasr-el-Nil " ;

" La levée du sarcophage serait faite en présence de M. le
Consul de France au Caire, qui en dresserait procès-verbal à

l'intention de la famille et de la ville de Boulogne-sur-Mer ";

" La même formalité serait accomplie pour la mise en place du monument. Cette mise en place donnerait lieu à une cérémonie intime présidée par M. le Ministre de France assisté du Consul, du Directeur général du Musée, du représentant de la famille et de quelques anciens amis de Mariette. Elle serait suivie de la bénédiction religieuse ";

" L'érection de la statue ou du buste serait faite solennellement".

Telle est, en ses grandes lignes, le programme soumis à la haute approbation de M. le Ministre de France.

A. CHÉLU Bey,
Mandataire de la famille de Mariette Pacha.

Villa des Fleurs — Ile de Ghézireh.
Le Caire, 17 décembre 1894.

V

MARIETTE ET LE MUSÉE DE BOULAQ

MARIETTE ET LE MUSÉE DE BOULAQ

Glorifions nos morts.

L'action de la France dans la marche de l'humanité, sa grande part dans la propagation des idées, dans le travail commun sont telles que son histoire est indissolublement mêlée à celle de toutes les nations. Cette vérité incontestable l'est tout particulièrement pour l'Egypte : notre influence s'y affirma d'abord par les armes, en 1798, et ensuite par un concours constamment prêté à ses souverains, depuis Mohamed Aly. Heureuse de coopérer pour une large part à l'émancipation de ce beau pays, la France n'a cessé de le considérer comme une sœur puînée, de lui prodiguer les marques d'un attachement qui ne lui fit jamais défaut et de le couvrir de sa protection désintéressée. Nombre de ses enfants et non des moins dignes, Soliman pacha *, Clot, Linant, notre grand Mariette, pour ne citer que les plus éminents, consacrèrent leur vie à son avenir, à sa prospérité et l'aimèrent comme une deuxième patrie. Qui aurait soupçonné que l'Egypte dût avoir avec la France des relations si étroites, d'un si haut intérêt et si fécondes en résultats ? Commencées par la guerre, elles ont cependant eu les conséquences les plus heureuses, et l'on peut affirmer qu'au point de vue de la civilisation, du commerce, de l'industrie et des

---

* Colonel Sèves.

arts, rien ne s'est fait en Egypte, depuis les premières années de ce siècle, qui ne soit d'origine française, qui n'ait été inspiré par la France : nos capitaux l'ont enrichie, nos ingénieurs l'ont couverte de travaux et l'ont rendue le théâtre de la plus grande entreprise des temps modernes ; nos savants ont révélé ses annales et ont reconstitué son long passé historique. Cette reconstitution, nul ne l'ignore ni ne le conteste, est tout entière œuvre française, on ne saurait trop le rappeler toutefois. C'est dans cet ordre d'idées qu'ont été rédigées les lignes suivantes.

Les Hébreux, les Grecs, les Romains, tous les peuples de l'antiquité, si éclairés, si pénétrants, si rapprochés qu'ils fussent, dans le temps et l'espace, des Pharaons, n'avaient pu lever le voile qui couvrait la civilisation égyptienne, la plus ancienne du monde. L'histoire de cette civilisation, qu'on ne s'y trompe pas, est celle qui renferme les plus importantes révélations, non pas seulement pour la suite des événements, mais pour la connaissance des origines des arts, des sciences, de la philosophie, des religions et, en un mot, pour l'histoire du genre humain.

Hérodote, qui visita l'Egypte environ 450 ans avant J.-C., nous a laissé de ce pays une intéressante description. Deux siècles plus tard, un prêtre égyptien, Manéthon, écrivit en grec une histoire d'Egypte. Nous ne posséderions pas de guide plus fidèle si ce livre nous était parvenu intact. Egyptien de naissance, prêtre instruit aussi bien dans les mystères de sa religion que dans les littératures étrangères, Manéthon fut à même d'écrire une relation aussi documentée que complète sur son pays, et la possession de ce livre serait un vrai trésor pour la science. Malheureusement l'ouvrage du prêtre égyptien a péri, avec tant d'autres, dans le grand naufrage de la littérature ancienne, et nous n'en connaissons que les fragments conservés par des écrivains postérieurs.

Après Hérodote et Manéthon, Pausanias. Puis vinrent Diodore de Sicile, Strabon et Plutarque. Le premier parcourut les bords du Nil, vers l'an 8 avant J.-C., et consacra un chapitre spécial à l'Egypte dans un ouvrage qui nous est parvenu. Strabon, géographe grec, à peu près contemporain du précédent, nous a donné les renseignements les plus utiles et les plus précis sur la géographie de l'Egypte. Nous devons à Plutarque un traité en grec sur Isis et Osiris. Au nombre de ceux des anciens qui cherchèrent à pénétrer les mystères de l'Egypte, citons encore Pline et Ptolémée.

Les découvertes de la science ont prouvé de nos jours que les matériaux légués par Hérodote et Manéthon, Diodore de Sicile, Strabon et Plutarque, Pline et Ptolémée, sont des échos fidèles de l'antique histoire des premiers Egyptiens ; mais ces matériaux seraient encore utilisés si la première moitié de ce siècle n'avait été marquée par des découvertes capitales dont les promoteurs, les auteurs et les continuateurs ont été et sont encore des Français.

Avec ses troupes, Bonaparte amena sur les bords du Nil une légion d'artistes et de savants. Ils s'y livrèrent à une étude approfondie qui embrassa l'Egypte tout entière, son sol, son climat, son fleuve, ses habitants, leurs institutions et leurs religions et particulièrement ses monuments anciens. L'œuvre immortelle de la Commission française commença à soulever le voile qui, depuis des siècles, s'était étendu sur l'Egypte. Ses incomparables travaux démontrèrent que nulle civilisation n'avait laissé plus de monuments que celle de l'Egypte antique. Le monde fut alors étonné par la grandeur et la magnificence de ceux qui lui furent ainsi révélés. On n'en connut pourtant que ce qui était du domaine de l'art : les Pyramides, les temples, les palais de la Haute-Egypte et les tableaux gravés sur leurs murailles, avec des inscriptions en caractères qui étaient eux-mêmes des figures.

Mais le sens de ce langage si lisiblement tracé se dérobait toujours. Le secret de cette mystérieuse écriture semblait, en effet, perdu et il était difficile de voir, à l'époque, dans une antiquité égyptienne, autre chose qu'un objet privé de sa signification propre et, par conséquent, sans intérêt.

Le grand ouvrage des savants associés à l'expédition de Bonaparte avait à peine commencé à faire connaître l'Egypte, que, par un effort d'esprit incomparable, Champollion trouva la clef des hiéroglyphes et de l'écriture hiératique, appliquées toutes les deux à la langue cophte, qui est celle de l'ancienne Egypte. A force de pénétration, il parvint à démêler les lois compliquées qui régissent cette écriture mystérieuse et à les codifier dans une admirable grammaire égyptienne, un des plus merveilleux monuments de l'esprit humain. Il réussit ainsi à faire jaillir la lumière la plus inattendue sur les ténèbres de l'histoire égyptienne. Par lui les monuments jusqu'alors muets firent entendre leur voix; par lui le voile s'est déchiré, et l'ancienne Egypte, célèbre dans toute l'antiquité par sa sagesse et sa grandeur, nous est apparue comme elle était autrefois. Ses monuments cessèrent d'être des objets de vaine curiosité. Ils sont aujourd'hui des pages de pierre où l'on déchiffre, dans une écriture connue, l'histoire dont ils furent les contemporains. Aucune autorité n'a actuellement plus de poids, puisque les monuments ont l'immense avantage d'avoir été les témoins des événements qu'ils racontent et auxquels il est maintenant possible d'assigner une date tout au moins relative.

La mémorable découverte de Champollion fut dénoncée au monde savant par la lettre qu'il adressa à Dacier le 17 septembre 1822. — Mariette venait de naître. — Brusquement elle élargit l'horizon et dissipa les nuages où se cachaient les profondeurs du passé, les sommets de l'histoire. L'Egyptologie ou connaissance de l'ancienne Egypte, science qui tire ses origines de l'expédition dirigée par Bonaparte sur la terre des Pharaons, fut donc créée, à partir de 1822, par l'immortel Champollion.

Depuis Champollion, de nombreuses révélations sont venues démontrer ce qui a été accompli par l'Égypte dans le domaine de la pensée pure, dans la philosophie et dans les sciences. Elles ont, si l'on peut parler ainsi, fait retrouver, l'un après l'autre, les anneaux séparés et dispersés de cette longue chaîne d'efforts, de pensées et de travaux, dont un bout se perd dans la nuit d'un passé sans histoire, tandis que l'autre rattache l'antiquité à la civilisation des temps modernes. Ce que ces révélations firent connaître ce n'est pas seulement la période la plus mémorable de l'art antique ; c'est encore, nous l'avons dit plus haut, l'histoire d'une civilisation la plus vieille du monde qui se reconstitua.

La grammaire de Champollion offrait de nombreuses lacunes ; elles ont été comblées par un autre Français, son continuateur immédiat, Emmanuel de Rougé. Ce célèbre philologue eut l'honneur d'inaugurer une sévère discipline scientifique ayant pour but de dérober les résultats obtenus par le maître aux divagations du charlatanisme et d'enclore l'école d'une barrière infranchissable aux savants de fantaisie.

Champollion et E. de Rougé ont eu de nombreux disciples français. Les plus célèbres d'entr'eux sont : Lenormand, Mariette, Chabas et Maspero. Les travaux et les découvertes de ces savants ont fait fructifier l'œuvre de leurs illustres devanciers et l'ont complétée. L'Allemagne avec Lepsius, Brugsch et Erman, l'Angleterre avec Birch et Goodwin, l'Italie avec Rosellini et Salvolini, prirent également une part considérable à la reconstitution historique de l'Égypte. Mais l'action des savants allemands et anglais, si importante soit-elle, n'a pas eu, pour l'Égypte moderne, les résultats heureux dont elle a, pour ainsi dire, exclusivement bénéficié du fait du fondateur de ce que nous appellerons l'Égyptologie égyptienne. Par ces deux mots nous entendons désigner l'Égyptologie telle qu'elle a été pratiquée, comprise et cultivée en Égypte depuis la réglementation des fouilles, la création d'un service de conservation des monuments et la fondation d'un musée, qui est aujourd'hui la gloire de l'Égypte contemporaine.

Ce que la superstition, l'ignorance, la cupidité, l'insouciance ont coûté aux derniers restes de l'empire des Pharaons est impossible à dire. Pendant des siècles ces débris précieux ont été pillés, ravagés, dispersés, anéantis. Si bien qu'après tant de catastrophes, on s'étonne qu'il en soit venu un seul fragment jusqu'à nous. Le sol incessamment fouillé par les fellahs leur a livré une quantité prodigieuse d'objets précieux, qui ont été vendus, brisés, transformés par la fonte, jetés à tous les vents. Dans ce pays dénudé combien de caissons de momies de rois, de princes ou d'hommes marquants ont servi de combustible ?

Depuis l'expédition française, Éléphantine a été dépouillée de son temple, qui ne vit plus que dans le grand ouvrage de la Commission d'Égypte. La plus belle moitié du portique d'Évergète, la ville d'Antinoé avec son hippodrome, son arc de triomphe, ses colonnades, dépecées ont fourni des matériaux pour la construction de fabriques de sucre. Le Typhonium d'Edfou et le temple d'El-Kab sont enfouis, et le petit temple d'Esneh détruit ; les hypogées de Lycopolis (Assiout), la grande tombe d'Onofré à Saqqara sont perdus à tout jamais. On sait combien de monuments les ingénieurs ont détruit depuis quatre-vingts ans. Il faut espérer qu'on ne livrera pas à leur barbarie savante ce qui a échappé jusqu'ici.

Ajoutons que depuis trois quarts de siècle l'Égypte a tiré de ses entrailles, pour les donner à l'Europe, une demi-douzaine de Musées égyptiens. Ceux qui formèrent ces Musées et en spéculèrent ne craignirent pas, pour se procurer un sarcophage, de détruire un tombeau et, pour avoir une statue, de bouleverser un temple.

Arrêter le pillage inconscient des fellahs, mettre un terme au vandalisme des touristes et des archéologues européens, conserver à l'Égypte ce qui restait d'entier ou de mutilé de ses antiques monuments, retrouver par des recherches méthodiques et savantes, ceux de ces monuments qui gisaient enfouis sous le limon du Nil ou sous les sables du désert, c'était non seulement rendre un immense service au pays des Khédives, mais un bienfait sans prix dont bénéficierait la science universelle. L'un et l'autre devaient avoir pour auteur un Français, Mariette.

Qu'était Mariette lorsqu'il présenta son programme à Saïd pacha et le lui fit agréer ? Sans parler des travaux qui précédèrent ses premiers séjours en Egypte, Mariette était déjà l'archéologue le plus en vue par son incomparable découverte du Sérapéum de Memphis (¹).

Avant Mariette, l'Égyptologie s'étiolait faute d'aliments, faute de matériaux d'étude. Mariette lui infusa une seconde vie. Ce qu'il trouva au Sérapéum, tout le monde le connaît : soixante-quatre Apis, des milliers de stèles votives, de figurines funéraires, amulettes, de bijoux qui font aujourd'hui

---

(1) Au physique c'était un homme de grande taille, de forte carrure, athlète pris rudement en plein bloc comme les colosses qu'il gardait. (M. E. DE VOGUÉ) — Au moral, l'imagination la plus vive s'unissait en lui à ce qui était d'ailleurs le trait dominant de sa nature : un jugement droit, une énergique volonté. Son caractère ferme et résolu prit plus de vigueur encore au milieu des obstacles qu'il dut vaincre, car toute sa vie fut un combat. (M. H. WALLON). — L'indicible attrait de sa parole, sa bienveillance pour ses auxiliaires et les débutants, la cordialité de son accueil le rendaient sympathique à quiconque l'approchait. (PAUL PIERRET.)

l'ornement du Musée du Louvre. La chronologie des tau-
reaux, suffisamment établie par les dates d'inhumation, ap-
porta de nouvelles informations pour le rétablissement de la
chronologie des rois égyptiens du Nouvel Empire. La mise
au jour de ces monuments avait valu à son auteur une notoriété universelle; elle provoqua une explosion de surprise et
d'admiration par la grandeur de la découverte et par l'importance des révélations scientifiques.

Envoyé successivement à Londres, à Berlin et à Turin
pour y étudier les Musées égyptiens de ces capitales, il y fut
accueilli par les savants avec la plus grande distinction. Un
peu plus tard, grâce à la munificence d'un Mécène généreux,
le duc de Luynes, il avait entrepris le déblaiement du grand
Sphinx, au cours duquel il découvrit un édifice en granit,
temple ou tombeau, le plus vieux du monde, antérieur au
fondateur de la seconde pyramide.

Tel était l'homme qui consacra son génie, sa science et sa
vie à la création de cette institution française qui a nom
Service des Antiquités et des Fouilles d'Égypte; tels étaient
les titres du célèbre fondateur du Musée de Boulaq. Grâce à
Mariette, les parchemins de l'antique noblesse de l'Égypte
cessèrent bientôt d'être considérés comme une marchandise
dont on put trafiquer ostensiblement et impunément, et ses
ruines comme une carrière officiellement ouverte à toutes les
convoitises (1).

Le cadre de la présente étude est trop restreint pour que
nous tentions de relater en détail les travaux de l'illustre
savant qui pendant vingt-trois années, de 1857 à 1881, tint

---

(1) Il y a quelque temps l'Egypte détruisait ses monuments, elle les respec-
te aujourd'hui; il faut que demain elle les aime.

(MARIETTE BEY. *Catalogue du Musée*).

si haut et si ferme le sceptre de l'Égyptologie et le drapeau
de la science française sur les bords du Nil. D'autres avant
nous ont tracé plus éloquemment que nous ne saurions le
faire la biographie de ce grand Français, qui fut en même
temps un honnête homme, dans la plus large acception du
mot, et aussi un homme de bien. Nous nous bornerons, en
conséquence, à en esquisser l'œuvre à grands traits.

Mariette, nous venons de le dire, avait débuté en Égypte
par le Sérapéum et les Pyramides ; il étendit ses investigations, d'après un plan grandiose, dans le Delta et dans la
vallée du Nil jusqu'à Gebel Barkal. Un instinct supérieur,
la pensée, l'énergie, la volonté le guidèrent dans le vaste
champ qu'il s'ouvrit dans cette terre si riche en souvenirs,
mais si jalouse de leur inviolabilité. A sa puissante évocation
se peupla, s'anima le vide immense des solitudes : d'innombrables monuments reparurent au jour.

Dans les listes des rois, sur les statues livrées par les tombeaux et dans les grands monuments dont il lisait les dates, il
relevait les éclatantes confirmations du mot du prêtre égyptien
de Saïs à Solon : *Vous autres Grecs vous n'êtes que des
enfants.* Il retrouvait l'Égypte en pleine possession de ses
arts, de sa florissante industrie, de sa sagesse philosophique
et religieuse. Il voulut vivre et vécut par la pensée avec ces
ancêtres de l'humanité. Ce spectacle fit sur lui une impression
profonde.

Attiré par ces formes immuables et mystérieuses par
lesquelles ce peuple extraordinaire ne se lassa point, pendant
des milliers d'années, d'exprimer sa constante préoccupation
de la destinée humaine, touché de la gravité de ce sentiment
qui, indifférent à l'effet extérieur et concentré en lui-même,
réservait le fini et la perfection des chefs-d'œuvre pour
l'ombre des tombeaux et des sanctuaires, il se mit à chercher
avec ardeur le sens de la religion égyptienne et les causes

qui avaient façonné pour les siècles l'esprit et le cœur des
anciens Égyptiens (¹).

Faut-il redire, après tant d'autres, l'énorme tâche accomplie
par Mariette ? rappeler qu'il a livré aux investigateurs de
textes Abydos, Denderah, Edfou, Deïr-El-Bahari, et une
partie de Karnak ? qu'à San, sur les ruines de l'ancienne
Tanis, ses fouilles mirent au jour des monuments de la XIII°,
de la XIV°, de la XIX° et de la XXI° dynastie, ainsi que des
statues et des sphinx qu'il attribua aux Hyksos, race qui passe
pour avoir plus détruit que construit. Il en rapporta des colosses et la fameuse pierre de San, ou décret de Canope, plus
précieuse que la pierre de Rosette, parce qu'elle est complète
dans les trois langues, hiéroglyphique, démotique et grecque.

On peut dire qu'avant lui Abydos était inconnue. Il y fit
sortir de dessous terre le temple de Séti 1ᵉʳ, deux temples de
Ramsès, les restes du grand temple d'Osiris, une stèle célèbre: la deuxième table d'Abydos, plus de deux cents tombes
et quinze mille monuments de différente nature, la plupart
déposés au Musée de Boulaq.

A Denderah, déblaiement du grand temple d'Athor et
d'une partie des édifices environnants. A Thèbes, grandes
fouilles au temple d'Amon, à Karnak, à Medinet-Abou, à
Deir-el-Bahari, dans la plupart des villages qui couvrent
aujourd'hui la grande nécropole égyptienne, à Gournah,
découverte des sept tombes royales de Drah-Abou'l-Negah.
A Edfou, une ville entière s'était établie sur les toits du

---

(1) Les belles tombes que l'on admire dans les plaines de Thèbes et de
Saqqarah, ne sont pas dues à l'orgueil de ceux qui les ont érigées. Une pensée
plus large a présidé à leur construction. Plus les matériaux sont énormes, plus
on est sûr que les promesses faites par la religion recevront leur exécution.
En ce sens, les Pyramides ne sont pas des monuments *de la vaine ostentation
des rois;* elles sont des obstacles impossibles à renverser et les preuves gigantesques d'un dogme consolant.

(MARIETTE BEY. *Catalogue du Musée*).

temple ; elle fut transportée dans la plaine et le temple sortit intact de son linceul de décombres ([1]).

Gebel Barkal fournit cinq stèles précieuses qui vinrent enrichir les collections de Mariette, toutes cinq appartenant aux archives officielles de Napata, toutes cinq sont des pages officielles détachées des annales de l'Empire Éthiopien.

Malgré les difficultés d'exploration causées par le bois de palmiers, le sable et les villages qui la recouvrent, les fouilles pratiquées sur l'emplacement de l'ancienne Memphis firent connaître plus de trois cents tombes nouvelles à Ghizeh, à Saqqarah et à Meydoum. C'est en 1858 que fut ouvert le Mastabat-el-Faraoun que Mariette crut être le tombeau d'Ounas, roi de la Ve dynastie. La fameuse table de Saqqarah, document historique d'une valeur égale aux fameuses listes de Manéthon, à la pierre de Rosette, au papyrus de Turin et aux tables d'Abydos, fut également découverte dans les ruines de l'antique Memphis.

On ne saurait passer sous silence que les monuments égyptiens les plus célèbres pour l'histoire ont tous été découverts par des Français : La pierre de Rosette, actuellement au British-Museum, fut trouvée par un officier français de l'expédition de Bonaparte. Le célèbre papyrus royal de Turin fut vendu au Musée de cette ville par M. Drovetti, consul général de France. La salle des ancêtres de la bibliothèque de Paris lui fut donnée par Prisse. Le consul général de France Mimaut découvrit la première table d'Abydos qui fait aujourd'hui partie des richesses du British-Museum. Nous devons à Mariette les tables de San, d'Abydos et de Saqqarah et tant d'autres ; à Maspero, l'étonnante série des momies royales de Deir-el-Bahari ; à M. Grébaut, la tombe

---

[1] *Catalogue du Musée de Boulaq*, par G. MASPERO, membre de l'Institut, professeur au Collège de France, directeur général des Antiquités égyptiennes.

des prêtres d'Ammon. Les splendides bijoux trouvés à
Dashour par M. de Morgan ne sont-ils pas d'uniques spéci-
mens de l'art antique ?

Mariette ne fut pas seulement un archéologue de génie et
un éminent historien, il eut pour la géographie une aptitude
spéciale et un goût extrêmement décidé. C'est d'ailleurs cette
branche des sciences historiques qu'il cultiva d'abord, lorsque
simple régent de septième au collège de Boulogne-sur-Mer, sa
ville natale, il reconstruisit, avec tant de succès, le passé
des stations maritimes qu'ont illustrées César, Charlemagne
et Napoléon.

Ce fut l'étude approfondie des géographes de l'antiquité
qui le guida plus tard dans ses mémorables découvertes du
Sérapeum, de Memphis ; dans Artémidore et dans le périple
de la mer Erythrée il a trouvé le commentaire de ses belles
fouilles de Deir-el-Bahari.

En même temps qu'il rendait à l'histoire les vieux Pharaons de l'Ancien, du Moyen et du Nouvel Empire, il rétablis-
sait les limites des vastes territoires que ces monarques
avaient tour à tour annexés à l'Egypte ; il reconstituait
ainsi, peu à peu, l'ensemble du monde ancien aux époques
les plus lointaines. C'étaient les premiers ancêtres des nègres
dont il constatait l'existence, sous la VI° dynastie, dans des
cantons qu'envahit bien plus tard la race nubienne. C'étaient
Kousch la mauvaise, l'Ethiopie actuelle ; Poux qui corres-
pond au Çomal ; le Haut Ruten, devenu la terre de Chanaan,
qui s'inscrivaient successivement dans les inventaires de
Mariette.

En 1859, le sanctuaire de Karnak lui donne la liste de
deux cent trente noms de peuples conquis en Asie et en
Afrique par Thoutmès III. Plus tard les pylones du sud de
ce temple qu'il découvre lui permettent enfin de compléter
définitivement la carte du monde connu dix-neuf cents ans

avant l'ère chrétienne, alors que Thoutmès *posait ses frontières où bon lui semblait,* dit le poème de ses guerres, *jusqu'aux limites inconnues des pays à l'extrémité du monde* (¹).

L'Europe savante tout entière battit des mains à la nouvelle de cette admirable trouvaille, qui valut à Mariette la grande médaille d'or de la Société de Géographie.

La période la plus active des fouilles de Mariette est comprise entre 1858 et 1863. Elles furent, faute d'argent, presque abandonnées de 1863 à 1877. Réduit pendant quatorze années à une somme dérisoire (L. E. 2,000, soit Fr. 52,000), irrégulièrement payée, le budget de l'Administration des Antiquités représentait à peine les sommes absorbées par le personnel. Les équipes de fouilleurs durent être Licenciées et certaines fouilles comblées, pour les préserver des déprédations. Cette longue période, la plus difficile de la carrière du grand savant, n'en fut pas la moins douloureuse. Condamné au repos, à l'impuissance, pour ne pas dire à la misère (2), par suite de la pénurie du Trésor égyptien, il vit se clôturer momentanément la série jusque-là ininterrompue de ses succès. Il en conçut un profond chagrin, origine peut-être de l'affection qui mina sourdement pendant longtemps sa constitution athlétique. Mariette était gravement atteint de la maladie qui le conduisit au tombeau trois ans plus tard, lorsqu'il put enfin reprendre ses recherches. Il les poursuivit alors avec un redoublement d'activité, présage hélas! de sa fin prématurée.

Champollion fut l'initiateur : il retrouva la langue des hiéroglyphes. Mariette n'ajouta rien à la science philologique du maître; mais par un instinct divinateur, il fut le grand

---

(1) D. Hamy de l'Institut. — *Discours.*
(2) Mariette resta plusieurs années sans recevoir son traitement.

découvreur des textes de pierre de cette langue, il compléta l'œuvre de Champollion et la fit fructifier. Il a fait surgir l'Égypte ancienne des profondeurs du sable où elle gisait depuis 5000 ans ; il a trouvé plus que la langue des Pharaons, il a trouvé les Pharaons eux-mêmes. A sa voix, les reines d'Égypte, vieilles de trente à quarante siècles, sont sorties de terre couvertes de merveilleux bijoux, et nous ont fait des révélations imprévues sur une civilisation qui remonte aux premiers âges du monde.

Il n'est pas assurément de découvertes qui nécessitent un pareil effort d'esprit. Il n'en est pas qui, pour les hommes d'étude, du moins pour ceux qui veulent connaître la civilisation jusque dans ses sources les plus anciennes, aient été plus fécondes que celles qu'on doit à Champollion, à de Rougé, à Mariette, à Maspero, à leurs disciples, à leurs émules et successeurs.

Les publications relatives à l'Égypte et à l'Égyptologie, dont Mariette est l'auteur, sont au nombre de soixante-quatre. Les plus importantes sont (') :

1856. *Mémoire sur la mère d'Apis.*

1856. *Choix de monuments et de dessins découverts au Sérapéum de Memphis.*

1856. *Le Sérapéum de Memphis.*

1863. *Description des fouilles exécutées en Égypte.*

1864. *Notice des principaux monuments exposés dans les galeries du Musée de Boulaq.* (A eu plusieurs éditions.)

1864. *Aperçu de l'histoire d'Égypte.*

1867. *L'Égypte à l'Exposition Universelle de 1867.*

1867. *Fouilles exécutées en Nubie.*

1869. *Itinéraire des invités à l'inauguration du Canal de Suez.*

---

(1) Extrait du catalogue des œuvres de Mariette, établi par les soins pieux de M. A. Rhoné, l'auteur distingué de *L'Égypte à petites journées.*

1869. *Abydos. Description des fouilles exécutées sur l'emplacement de cette ville.* Tome I.

1869. *Abydos. Temple d'Osiris, de Ramsès II. Petit temple de l'ouest et Nécropole.* Tome II.

1869. *Abydos. Catalogue général des monuments découverts dans cette ville.* Tome III.

1870. *Dendérah. Description du grand temple.* Un volume de texte, cinq volumes de planches.

1872. *Monuments divers recueillis en Égypte et en Nubie.*

1872. *Itinéraire de la Haute-Égypte.*

1872. *Les papyrus égyptiens du Musée de Boulaq.*

1874 et 1875. *Mémoire, Listes et Cartes établis d'après les données géographiques des pylones de Karnak.*

1875. *Karnak. Étude topographique et archéologique.*

1875. *Karnak. Plan du grand temple.* Carte et texte.

1877. *Deir-el-Bahari.*

1878. *Voyage dans la Haute-Égypte.*

1878. *La galerie de l'Égypte ancienne à l'Exposition universelle de Paris de 1878.*

1879. *Mémoire sur les nouvelles fouilles à opérer en Égypte.*

1882. *Le Sérapéum de Memphis.* Publié par G. Maspero d'après le manuscrit de l'auteur.

1883. *Les Mastaba de l'Ancien Empire.* Fragment du dernier ouvrage de Mariette. Publié par G. Maspero ([1]).

Dans une lettre adressée en 1867 à l'un de ses plus fidèles amis et de ses plus fervents admirateurs, M. E. Desjardin, de l'Académie française, Mariette s'attristait de n'avoir rien

---

([1]) M. G. Maspero a également publié les œuvres posthumes de M. le marquis de Rochemonteix. Seul l'éminent chef actuel de l'archéologie égyptienne pouvait assumer une aussi lourde tâche sans délaisser les travaux considérables qu'il fit depuis paraître et ceux en cours de publication.

produit. Pauvre grand homme! ne s'était-il pas déjà, à cette époque, révélé ce qu'il fut d'ailleurs toute sa vie, comme un de nos plus féconds ouvriers de la plume.

Homme de cabinet au début de sa carrière, Mariette dut aux aventures de son existence si mouvementée le développement de ses éminentes qualités : en lui le génie de l'investigation était intimement lié à l'érudition du savant et au sens artistique le plus complet. Il avait conçu, pour abriter ses admirables collections, un édifice élevé sur le plan le plus large, qui eût réuni les antiquités égyptiennes — auxquelles la place d'honneur était réservée — les antiquités gréco-romaines et un musée arabe destiné aux belles et rares pièces telles que : lampes de mosquée, chandeliers à nielles d'argent, vases ornés d'inscriptions coufiques, meubles en nacre, ouvrages de marqueterie et, en un mot, tous les débris de l'art arabe qui a laissé en Égypte tant de si brillantes traces. Il dut, faute de ressources, borner son objectif à l'édification d'un musée provisoirement établi à Boulaq. Ce monument des plus modestes, bientôt connu du monde entier, devint rapidement le rendez-vous de toutes les célébrités des arts et de la science.

Commissaire général de l'Égypte à l'Exposition universelle de 1867, Mariette créa de toutes pièces la section égyptienne, dont le succès fut immense. Toutes les nations vinrent admirer les beautés inconnues des richesses de l'antique civilisation égyptienne, et les productions d'un art plus vieux de quelques milliers d'années que l'art grec lui-même. Il n'y eut qu'une voix sur le mérite de l'homme qui les mit ainsi en lumière et qui en sut si bien faire ressortir les splendeurs.

Mariette n'avait pas oublié qu'il avait fait ses premières armes dans le journalisme et la littérature, qu'il avait même été quelque peu romancier, lorsqu'en 1870, à la demande du Khédive Ismaïl, il composa le scénario original d'*Aïda*, le célèbre opéra de Verdi, dont il dessina les costumes et la décoration. Traduit plus tard par Ghizlanzoni, ce scénario n'en conserva pas moins le caractère de reconstitution historique d'un des épisodes de la vie de l'ancienne Égypte, qu'il doit à son premier auteur.

La magnificence des costumes dus au crayon de Mariette, qui sont de véritables reproductions artistiques aussi fidèles que le comporte le jeu de nos scènes modernes, la couleur locale si vraie, si intense, que le traducteur a su respecter, n'ont pas peu contribué au succès toujours durable de la belle œuvre de Verdi.

La République française ayant à son tour voulu, en 1878, convier les nations à une exposition universelle, Mariette retourna encore une fois à Paris, comme commissaire général pour l'Égypte. Bien que miné déjà et abattu par un mal implacable, il se mit à l'œuvre avec un entrain qui était comme une résurrection. Son succès égala celui de 1867.

Nous avons dit que Mariette était un honnête homme dans la plus large acception du mot. Il en prodigua les preuves à l'Égypte qu'il servit avec fidélité et dévouement au temps de son opulence et avec abnégation quand vinrent les jours difficiles. Jamais il ne transigea, quels que furent les circonstances, les personnages et les intérêts en jeu et quelque graves que dussent être pour lui les conséquences de son intransigeance. Citons entre mille les exemples suivants : Sollicité en 1863 pour obtenir du vice-roi Saïd l'abandon à la France du produit de ses fouilles, Mariette refusa catégoriquement de se prêter à cette combinaison qui, s'il l'eût laissée aboutir, aurait dépouillé l'Égypte des plus beaux fleurons de sa couronne. Après l'Exposition de 1867 et, tablant sur ce que le Bey de Tunis avait fait don de son palais à la ville de Paris, on essaya d'arracher à Mariette son adhésion à la cession, par le Khédive Ismaïl, des merveilleuses statues et des incomparables joyaux exposés dans la section égyptienne. Si Mariette eût dit un mot ou s'il n'eût rien dit, c'était fait. Ce fut en vain qu'on le pressentit, qu'on fit briller à ses yeux les places et les faveurs. Il fut inflexible et se brouilla avec ses protecteurs ; il vit se refroidir l'empereur qui ne lui pardonna pas son opposition. On le desservit même auprès du vice-roi. Mariette supporta tout ; il fit reprendre le chemin du Musée de Boulaq aux monuments et aux trésors sans prix dont il l'avait doté et qu'il ne consentit pas à lui laisser ravir. Ce qui le soutint dans ces épreuves c'est, avec la ferme résolution d'atteindre son but, sa droiture qui déjouait les embûches et son désintéressement qui défiait la calomnie. Mais, disons-le à l'honneur des vice-rois qui se sont succédé en Égypte, ses disgrâces ne furent jamais que de courte durée. Ils ont su reconnaître en lui l'homme le plus sincèrement dévoué à l'accomplissement de sa tâche comme au bien du pays qui l'avait adopté.

Nous n'insisterons pas davantage sur les côtés multiples de ce grand caractère et sur les facultés inépuisables d'un des esprits les plus merveilleusement organisés qui sont l'honneur de notre siècle et de l'humanité.

L'Exposition de 1878 avait à peine clôturé ses portes que Mariette dut procéder à la reconstruction du Musée de Boulaq, dont le provisoire durait depuis quinze années et qu'une crue extraordinaire menaçait de détruire. Ses travaux littéraires bénéficièrent également du redoublement d'activité qui marqua la dernière période de sa vie. Tout à la fois : le Musée, les fouilles, les grandes publications ! Ce fut comme le dernier jet, le jet le plus éclatant d'une flamme qui allait s'éteindre. Cette activité fébrile fut suivie, en effet, d'une extrême prostration. De tels efforts l'avaient épuisé. Son mal n'était plus de ces ennemis avec lesquels, comme il disait, il faut savoir vivre : c'était un ennemi sous l'étreinte duquel il allait succomber.

Presque mourant aux approches de l'été de 1880, Mariette alla vainement demander au ciel de la mère patrie un arrêt au mal qui le minait. Il se traîna à Paris et dans une séance publique de l'Académie des Inscriptions, il fit lire, ne pouvant plus lire lui-même, un vaste programme des explorations restant à exécuter dans la vallée du Nil pour combler les lacunes de l'histoire de la contrée. Ce programme avait, sur une foule de points, de lumineuses perspectives ; Mariette en avait commencé l'exécution avec une hâte fiévreuse; il pensait, par le travail, vaincre les langueurs de la maladie ou en étouffer les cruelles préoccupations; il se flattait de déconcerter par la rapidité de ses succès la marche de l'affection (¹).

Mais le mal grandissait. Redoutant les fatigues d'un voyage qu'ils ne le croyaient pas en état de supporter, les siens s'opposaient à son retour en Égypte. Mariette partit quand même et s'embarqua en novembre 1880 pour Alexandrie. Il arriva mourant au Caire.

Mais ce corps, naguère si puissant, était animé d'une telle intensité de vie qu'il résista encore deux mois et demie, pendant lesquels le savant ne cessa de s'occuper de ses travaux. En janvier 1881, Mariette, qui ne pouvait plus parler, eut la satisfaction d'apprendre la découverte d'inscriptions royales et d'une momie de roi, tirées des pyramides de Saqqarah et datant de la Vme dynastie. Ce fut une dernière joie après laquelle la mort le saisit.

Mariette a succombé debout et à la tâche. Ses derniers moments ont été consacrés à la lutte victorieuse entreprise contre les secrets que l'Égypte garde ensevelis dans ses sables. Son intelligence s'est conservée pure et sereine jusqu'à

(¹) M. P. DE COURCELLES. — *Discours*.

ses derniers moments. Sa mort fut un deuil, non seulement
pour sa famille et ses amis, mais pour l'Égypte qu'il aima
en artiste, en savant, en fils d'adoption, reconnaissant pour
la gloire qu'elle lui avait donnée ; pour la France et pour
l'humanité dont il servit indistinctement les hauts intérêts,
en se dévouant avec tant d'abnégation au progrès de la science.

Les cendres du grand savant reposent aujourd'hui sur les
bords mêmes du Nil qu'il avait tant aimés, près des monuments qu'il avait découverts et du Musée qu'il avait créé.
Pareil au soldat frappé sur le champ de bataille, Mariette
dort son dernier sommeil sur cette terre d'Égypte qu'il fouilla
avec tant d'ardeur et un bonheur qui ne se démentit, pour
ainsi dire, jamais, sur cette terre où il voulut revenir pour
mourir et qui fut aussi son champ de bataille et son champ
d'honneur (¹).

Seuls les puissants créent des œuvres durables. Mariette
fut un créateur. L'œuvre qu'il a fondée est si solide qu'elle
lui survivra toute entière. L'Égypte voudra-t-elle bien un
jour se souvenir qu'elle lui doit autre chose que le carré de
terre sur lequel repose son tombeau ?

Le Caire, Octobre 1896.

A. CHÉLU BEY.

_____

(¹) A. CHÉLU BEY. — *Discours.*

VI

NÉGOCIATIONS

Musée de Ghizeh et Tombeau de Mariette

NÉGOCIATIONS

Les morts vont vite dit la balade de Burger et vite aussi, par ces temps de luttes à outrance et d'actualité, s'atténue, s'efface, s'anéantit leur mémoire pour ceux de leurs contemporains qui survivent.

Disparu depuis vingt ans, Mariette n'était cependant pas complètement oublié. Le souvenir de sa grande personnalité, de son génie et de ses immortels travaux, était pour ainsi dire resté intact dans l'esprit de ceux qui l'avaient personnellement approché : amis et admirateurs. Plus nombreuse étant fatalement la génération nouvelle, il importait que les derniers venus connussent l'homme qui fit surgir l'Egypte antique de l'océan de poussière où elle gisait depuis des milliers d'années.

Il fallut donc faire naître et imposer cette conviction qu'en reconnaissance de ses exceptionnels services, l'Egypte devait à Mariette un exceptionnel témoignage de gratitude. L'auteur s'y est employé de son mieux, avec une volonté, une persévérance, que ne devaient lasser aucune des péripéties qui surgirent au cours de sa longue campagne. Le lecteur appréciera si le résultat a répondu à l'effort.

Rappelons que la note remise au Ministre de France le 17 Décembre 1894, prévoyait le transfert du tombeau de Mariette de Ghizeh à Kasr-el-Nil, l'édification en dehors du nouveau Musée d'un piédestal monumental pour recevoir cette tombe ; l'érection d'une statue ou d'un buste du grand savant et son nom à donner à la voie menant directement au Musée de Kasr-el-Nil.

La translation, de Boulaq à Ghizeh, des cendres de Mariette, fut un premier hommage rendu à la mémoire de notre illustre compatriote et la consécration d'une création dont les origines et le caractère sont à jamais français.

C'est ce côté, si intéressant pour notre influence et si éminemment patriotique, que l'on s'attacha à signaler au représentant de la France, quand, en 1894, on dut songer à imposer au tombeau de Mariette et aux antiquités du Musée de Ghizeh un nouveau déplacement. Il importait à nos intérêts moraux d'imprimer au Musée de Kasr-el-Nil le caractère indélébile imposé à Boulaq et à Ghizeh, par la présence des cendres du grand Egyptologue.

La translation du tombeau une fois décidée, quel emplacement devait-on lui réserver ? Mariette n'est pas depuis assez longtemps passé à la postérité pour que ses cendres pussent être traitées comme une antiquité, même la plus précieuse, ou comme la momie, même identifiée, d'un Pharaon. Elles sont et doivent rester françaises et chrétiennes *. Les mettre en contact avec des collections si riches, si admirables soient-elles, serait commettre une indéniable profanation. Ces considérations prévalurent et il fut décidé qu'à Kasr-el-Nil comme à Ghizeh, le tombeau de Mariette occuperait, en dehors du Musée des Antiquités, un site bien en vue et à la portée des visiteurs.

Pour éviter au projet un échec peut-être motivé par l'importance des dépenses à prévoir pour son exécution, le monument commémoratif était modestement présenté comme devant se composer soit d'une statue, soit d'un buste. Il était sous-entendu que les propositions définitives, dont serait, en dernier ressort, saisi le Gouvernement Egyptien, comporteraient l'érection d'une statue. Le Ministère égyptien des Travaux Publics auquel ressortit le Service des Antiquités d'Egypte, s'était d'ailleurs promptement rangé à cette ma-

---

* En Orient les questions de religion ont souvent la même importance que celles des nationalités.

MARIETTE PACHA

Maquette par Lormier.

nière de voir. Ce Département avait en plusieurs circonstances déclaré qu'il ferait, à ce sujet, ce que déciderait
M. de Morgan, le troisième successeur de Mariette.

C'est dans cet ordre d'idées qu'un appel fut adressé à
plusieurs statuaires en vue, notamment à l'éminent Jacquemart, auteur de la statue élevée à Mariette par la ville de
Boulogne-sur-Mer, à M. Lormier, sculpteur distingué qui
avait connu l'illustre savant, au frère puîné du grand
Egyptologue, M. Edouard Mariette, qui dessina le beau
monument érigé, par la ville de Sannois, à la gloire de la
République Française.

Jacquemart accepta, en principe, l'exécution de la statue,
sous la réserve d'en recevoir la commande immédiate. C'était
exiger l'impossible. En réalité, il fallait avant tout réunir
tous les éléments constitutifs du projet : étude, maquette,
devis, etc. ; puis, faire intervenir auprès du Gouvernement
Egyptien les personnalités sympathiques à l'œuvre et en
situation de peser favorablement sur ses décisions.

Resté seul par suite du décès de Jacquemart, le statuaire
Lormier consentit, à ses risques et périls, à s'associer à l'entreprise. Il s'y employa avec ardeur. Conseillé par M. Edouard
Mariette, il exécuta à une échelle très réduite une maquette
de la statue projetée. Nonobstant ses petites proportions,
cette conception préparatoire fut jugée satisfaisante aux
points de vue ressemblance et lignes générales, quand, en
octobre 1895, le Ministre de France et M. de Morgan allèrent,
en compagnie de M. Edouard Mariette et de l'auteur, visiter
l'atelier de l'artiste, à Neuilly*. Les prétentions du statuaire
qui ne dépassaient pas 28.000 Francs, ne comportaient rien
que de fort acceptable.

Un incident se produisit en 1896, qui sembla tout d'abord
compromettre la question de la statue : sous l'influence
d'inexplicables considérations, il fut question de renoncer

---

* La campagne fut malheureusement si longue que le sculpteur Lormier avait
cessé de croire à son succès quand enfin elle aboutit.

à demander à l'Egypte d'ériger une statue à l'homme qui l'avait si brillamment servie, au grand savant qui, pendant un tiers de siècle, avait dirigé ses destinées intellectuelles. A la statue, on substituerait un buste semblable à celui que possède le Musée du Louvre, dont la copie serait demandée au Gouvernement Français. Voici, à ce sujet, ce que m'écrivit l'Agence de France, le 10 Février 1896.

«Monsieur, J'ai reçu votre lettre du 5 février m'entretenant de la question du monument de Mariette Pacha au nouveau Musée égyptien.

«Les conversations que j'ai eues à ce sujet avec les personnes qui s'occupent de la construction nouvelle me mettent en mesure de vous faire savoir que rien ne sera négligé pour assurer à la sépulture du grand Egyptologue la place qui convient.

«Il est question, en outre, de réserver dans l'intérieur même du Musée un emplacement pour un buste de Mariette Pacha et il ne dépendra pas de moi que ce projet ne reçoive son exécution quand le moment sera venu ».

Agréez................

Le Ministre de France.

*
* *

A M. le Ministre de France en Egypte.

MONSIEUR LE MINISTRE,

J'ai l'honneur de vous soumettre la minute, ci-jointe, d'une lettre que j'ai l'intention d'adresser à Lord Cromer. Je vous serais reconnaissant de me faire savoir si vous en approuvez les termes ou si, au point de vue français, vous voyez un inconvénient à ce que je fasse appel au bon vouloir de votre collègue anglais, en faveur du but que je serais heureux d'atteindre. Dans ce dernier cas je m'abstiendrais.

Veuillez agréer, etc.

Signé : A. CHÉLU BEY,
Mandataire de la famille de Mariette Pacha.

Le Caire, le 12 Février 1898.

A LORD CROMER, *Ministre d'Angleterre*.

(Avec l'approbation verbale de M. le Ministre de France).

MY LORD,

J'ai l'honneur de vous adresser sous ce pli un opuscule de publication récente, où l'œuvre de Mariette Pacha et les éminents services qu'il a rendus à l'Egypte sont retracés à grands traits.

Quiconque s'élève hors de pair, fait faire à la science et au progrès un pas en avant et élargit les horizons des connaissances humaines, appartient à sa patrie d'abord et, ensuite, à l'humanité tout entière, ai-je répondu à ceux qui prétendent que la situation politique ne permet pas de songer à édifier un monument à la mémoire de Mariette : Boulogne-sur-Mer, sa ville natale, possède une statue de Jenner ; Paris en a élevé une à Shakespeare et, dans le Parc de Méréville, en Seine-et-Oise, j'ai vu un monument funèbre, le premier peut-être, consacré à la gloire de Cook, le grand navigateur anglais.

Puisse, my Lord, mon modeste travail vous intéresser à l'œuvre que j'ai entreprise et vous inspirer le désir de lui venir en aide.

Veuillez agréer, etc.

Signé : CHÉLU BEY,
Mandataire de la famille de Mariette Pacha.

Le Caire, le 15 Février 1898.

A M. le Ministre de France en Egypte.

MONSIEUR LE MINISTRE,

J'ai l'honneur de vous remettre, sous ce pli, une copie conforme de la lettre qu'avec votre approbation verbale, j'ai adressée à Lord Cromer.

En suite de cette communication, le représentant de S.M. Britannique voulut bien me promettre, en janvier 1899 :

1° Qu'un monument serait élevé à la mémoire de Mariette Pacha ;

2° Que le nom de l'illustre savant français serait donné à la voie principale aboutissant au nouveau Musée de Kasr-el-Nil.

Lord Cromer m'autorisa, de plus, à faire part de ce qui précède au Conseiller financier du Gouvernement Egyptien et au Sous-Secrétaire d'État du Ministère des Travaux publics.

Il me restait, en conséquence, à ce moment, à m'entendre avec le Directeur général des Antiquités, puis à déposer la question, toute prête, entre les mains de l'Agence de France. Ce serait, depuis longtemps, chose faite, mais ce fonctionnaire devait être prochainement relevé de son poste, j'attendis.

Le concours de son éminent successeur m'étant actuellement acquis, j'ai saisi la première occasion pour rappeler à qui de droit les promesses de l'Agence Britannique. Voici en quels termes, au cours d'un tout récent entretien, Sir Rennell Rodd eut l'obligeance de me confirmer les précédentes déclarations de Lord Cromer, quant au projet que m'inspira ma vénération pour la mémoire de notre grand Mariette :

L'Agence de France rencontrera, à ce propos, tout le concours désirable de notre part ;

Sir William Garstin va être consulté quant à la démarche à faire auprès de la Caisse de la Dette publique pour les fonds à en obtenir ;

Le Ministre de France et le Commissaire français de la Dette publique n'ont qu'à vouloir.

Les voies préparatoires ainsi déblayées, je prends aujour-d'hui la respectueuse liberté de remettre entre vos mains bienveillantes les destinées de cette œuvre si française et si près d'aboutir, avec la conviction qu'elle recevra bientôt sa consécration officielle et définitive.

Dirai-je, Monsieur le Ministre, que je suis et reste à votre entière disposition pour toutes les questions de détail qu'il y aura ultérieurement lieu de résoudre ?

Veuillez agréer, Monsieur le Ministre, l'hommage de mon profond respect.

A. CHÉLU BEY,
Mandataire de la famille Mariette Pacha

Le Caire, le 21 Janvier 1900.

VIII

DERNIÈRES PHASES

————————

DERNIÈRES PHASES

Six années s'étaient écoulées et le XIXᵉ siècle menaçait de
se clôturer sans que les espérances premières se fussent réa-
lisées. Bien des enthousiastes de la première heure s'étaient
transformés en indifférents. On ne croyait plus à la réalisation de l'œuvre : pour le plus grand nombre, c'était un insuccès sans phrase. En présence d'un scepticisme presque
général, justifié d'ailleurs par une aussi longue et aussi vaine
attente, combien eussent consenti à aller plus loin, à frapper
à de nouvelles portes, à rédiger de nouvelles correspondances,
après les mille et une sollicitations ou lettres nécessitées par
les interminables négociations, à peine esquissées dans ce
rapide exposé ? Mais le promoteur du projet était décidé à ne
pas se laisser aller au découragement, à vouloir quand même.
Nombreux ne sont-ils pas les exemples d'hommes de volonté
réussissant là où échouent de plus brillants, mais d'un moindre
vouloir ? Qu'importe, après tout, l'indifférence ou même
l'hostilité de la majorité, à qui est convaincu de la justice de
sa cause ? Serviteur d'une conception éminemment patriotique et française et sous la réserve de ne rien faire que de
français et que n'eût approuvé son illustre et regretté ami,
le promoteur s'arma de nouvelles résolutions et poursuivit
imperturbablement sa route.

Il est un homme qui depuis de nombreuses années m'a prodigué les témoignages de sa haute et très affectueuse bienveillance. Il m'a soutenu de ses conseils éclairés et de ses encouragements dans les épreuves multiples qui ont marqué certaines étapes de ma longue carrière. C'est grace à lui qu'il m'a été donné de continuer en Égypte l'œuvre bien modeste, mais française en somme, qui est mienne.

A cet homme, dont la sollicitude tutélaire et les inestimables services m'ont honoré, à M. Boudenoot, député du Pas-de-Calais *, j'ai voué une gratitude sans bornes.

Ancien polytechnicien, ingénieur des Mines, licencié en droit, président du Conseil d'Administration de diverses houillières, M. Boudenoot est un des membres les plus considérables et les plus éminents du Parlement français. Il a été rapporteur du budget des départements ministériels les plus importants : Travaux Publics, Postes et Télégraphes, Finances, Guerre, puis rapporteur général du budget de l'État. En lui, la plus brillante intelligence s'allie à une merveilleuse puissance de travail. Aimé autant qu'estimé de ses mandataires, M. Boudenoot porte la sincérité la plus scrupuleuse dans ses relations. Grande est sa popularité, nulle de ses promesses n'est vaine : il tient toujours au delà de ce qu'il a promis. On est flatté de le connaître ; être distingué par lui est un honneur. Son amitié est un réconfort dans les déceptions parfois si amères qui sont souvent hélas ! le propre de tout humain.

Expression trop faible d'une reconnaissance profonde et d'un inaltérable attachement, les quelques lignes ci-dessus devaient nécessairement précéder la requête ci-après qui, sous la pression des circonstances, fut adressée à l'éminent député du Pas-de-Calais.

---

* Aujourd'hui sénateur.

A M. L. Boudenoot,
Député du Pas-de-Calais, Paris.

Monsieur et très honoré Collègue, *.

J'ai l'honneur de vous adresser, sous ce pli, accompagnée de divers documents, une note relative à l'érection, par les soins du Gouvernement Egyptien, d'un monument destiné à commémorer les grands services rendus à la France, à la Science et à l'Egypte par Mariette Pacha, l'illustre savant français.

Vous savez les liens qui m'attachaient à Mariette et ma vénération pour sa mémoire. Vous connaissez aussi le caractère national et patriotique du but que je poursuis. M'inspirant de vos encouragements, maintes fois prodigués à mes espérances, je prends la liberté de faire un respectueux appel à votre haute et bienveillante intervention, pour exposer la situation à l'honorable M. Delcassé et pour en obtenir le concours efficace de notre diplomatie, en faveur de l'œuvre du monument de Mariette Pacha.

Veuillez agréer, etc.

A. CHÉLU Bey,
Mandataire de la famille de Mariette Pacha.

Le Caire, le 8 Avril 1900.

* *De la Société des Ingénieurs Civils de France.*

MARIETTE PACHA

PROJET DE STATUE À LUI ÉRIGER AU CAIRE

L'illustre Egyptologue français, Mariette Pacha, dormait
son dernier sommeil sur les bords mêmes du Nil qu'il avait
tant aimés, près des monuments qu'il avait découverts et
dont il avait doté l'Egypte, lorsqu'en 1890 le Musée des
Antiquités égyptiennes fut transféré, de Boulaq, au palais de
Ghizeh. Le Khédive Tewfik voulut bien alors ordonner que
le sarcophage où reposent les cendres de Mariette suivrait
à Ghizeh les merveilleuses collections rassemblées à Boulaq
par notre grand compatriote et qu'il y occuperait une place
d'honneur assignée par le vice-roi lui-même.

Quatre ans plus tard, le Gouvernement Egyptien résolut
de désaffecter le Musée de Ghizeh et d'édifier, à Kasr-el-Nil,
un nouveau palais pour recevoir et abriter définitivement
les monuments arrachés aux sables du désert et à l'oubli
par Mariette et ses successeurs. Cette désaffectation m'im-
posa, dès lors, le devoir de m'occuper de la destination
dernière à donner au tombeau de Mariette. Une fois évacué,
le Musée de Ghizeh mis en vente, serait bientôt transformé en
caravansérail à l'usage des touristes internationaux. Y abandonner ce tombeau, serait insulter à une glorieuse mémoire
et porter une grave atteinte au prestige français. Cette tombe
émigrera donc de Ghizeh à Kasr-el-Nil, comme elle émigra
précédemment de Boulaq à Ghizeh. Mais est-ce là tout ce
que l'Egypte doit au souvenir de Mariette ? Par le seul fait
d'une dernière translation acquittera-t-elle intégralement sa
dette à l'égard de l'homme illustre qui lui consacra, avec une

abnégation totale, son grand savoir, son immense talent et sa vie tout entière ? Les amis, les admirateurs et les successeurs du grand Egyptologue ne l'ont pas pensé ainsi.

Au soldat créateur de ses premières armées nationales, à Soliman pacha — colonel Sèves — l'Egypte a élevé une statue, ornement de l'un des plus beaux quartiers du Caire. Cette statue du Pacha français, comme on ne cessa de le nommer, rappelle que si l'Egypte fut naguère puissance militaire et victorieuse, elle le dut à un Français.

Sur un autre point du territoire égyptien, la ténacité du génie français, la grandeur de ses conceptions, ne sont-elles pas attestées par le canal qui relie la Méditerranée à la mer Rouge et glorifiées par la statue de Ferdinand de Lesseps récemment érigée à Port-Saïd ?

La reconstitution du long passé de l'Egypte et de sa civilisation, la plus ancienne du monde peut-être, la mise à jour et la conservation de milliers de monuments témoins de son antique splendeur, telle est l'œuvre de Mariette. Grande et pure, elle rayonne à la fois et sur la science française et sur l'Egypte. C'est, sans conteste, au grand savant français que son pays d'adoption doit d'être devenu un centre d'attraction universelle. L'Egypte ne lui marchandera pas plus sa reconnaissance qu'elle ne l'a marchandée au colonel Sèves, au vainqueur de Nézib. Telle fut, depuis 1894, la conviction de tous ceux qui connurent Mariette, sans distinction de nationalité, et de tous les membres de la colonie française d'Egypte sans exception. Telle fut également la conviction de M. de Morgan, troisième successeur de Mariette, dans la direction générale du Service des Antiquités Egyptiennes. M. de Morgan voulut bien offrir son concours et associer ses efforts à ceux du promoteur du projet, pour rendre à la mémoire de son illustre prédécesseur un suprême hommage et en consacrer définitivement le souvenir.

Les grandes lignes du programme arrêté de concert avec M. de Morgan sont les suivantes :

1° Réserver au sarcophage de Mariette un emplacement faisant face à l'entrée principale du nouveau Musée de Kasr-el-Nil ;

2° Edifier un piédestal monumental à ce sarcophage ;

3° Eriger une statue à Mariette, en un point à désigner ultérieurement ;

4° Donner le nom de Mariette à la voie principale conduisant au nouveau Musée ;

5° Les sommes à prévoir seraient exclusivement demandées au Gouvernement Egyptien.

Voici l'annotation apposée par M. de Morgan au bas du programme, ci-dessus résumé :

J'approuve pleinement les propositions de M. Chélu Bey et je m'engage à leur donner mon concours : il n'est que juste que l'Egypte consacre par un monument digne de Mariette la mémoire de l'illustre savant auquel elle doit le Service des Antiquités et la grande impulsion donnée à l'Egyptologie pendant la seconde partie de ce siècle.

Dahchour, le 25 décembre 1894.

Signé : **J. DE MORGAN,**
Directeur général du Service des Antiquités d'Egypte.

Le terrain ainsi préparé, le promoteur du projet résolut d'en poursuivre la réalisation quand même ; il acquitterait ainsi une dette de pieuse et filiale reconnaissance à la mémoire du grand Français qui voulut bien l'admettre à son foyer et l'honorer de son estime et de son amitié.

A un autre point de vue, perpétuer le souvenir d'un illustre compatriote sur les bords du Nil, où nos rangs sont sans cesse décimés, n'est-ce pas faire œuvre éminemment patriotique et française ? Une statue de Mariette n'attestera-t-elle pas aux générations à venir la grandeur de ses créations, auxquelles la France restera à jamais identifiée, quelles que puissent être les destinées de l'Egypte ?

Ces considérations n'échappèrent pas aux hommes éminents qui voulurent bien s'intéresser à cette juste cause, à laquelle se rallièrent tout d'abord MM. Ribot, naguère président du Conseil et ministre des Affaires étrangères, député du Pas-de-Calais, et son très distingué collègue, Boudenoot.

Rappelons ici que, sollicité par M. Huguet, sénateur du Pas-de-Calais et ancien ami de Mariette, par M. Aigre, maire de la ville de Boulogne-sur-Mer, et par M. Alfred Mariette, fils du grand savant, le Ministre de France avait promis d'encourager l'œuvre et son promoteur et de requérir, au moment opportun, le concours financier du Gouvernement Egyptien. D'autre part, l'architecte français Dourgnon, choisi par le Gouvernement Egyptien pour présider à la construction du Musée de Kasr-el-Nil, avait désigné sur son projet définitif la place à réserver à la statue du Mariette.

L'idée poursuivait donc normalement sa route, et ne rencontrait que des adhérents. L'opuscule ci-joint * fut présenté, en janvier 1897, à S.A. le Khédive Abbas, qui en accueillit l'auteur avec la plus grande bienveillance. Il fut également adressé à tous les hauts fonctionnaires du Gouvernement Egyptien, ministres et sous-secrétaires d'Etat, ainsi qu'à tous les personnages qui avaient connu et apprécié Mariette. Tous promirent chaleureusement un concours empressé.

Toutefois, la situation politique, les rapports tendus entre la France et l'Angleterre s'opposèrent évidemment à ce que notre agent diplomatique imprimât à la question du monument de Mariette toute l'impulsion désirable ; une entente avec son collègue britannique étant indispensable pour la faire aboutir, le Ministre de France ne fut sans doute pas en position de la rechercher.

Mais si le représentant de la France ne put, à une certaine époque, solliciter aucune faveur de Lord Cromer, le promoteur du projet n'était nullement tenu à la même réserve, à la condition expresse de ne rien faire que de français et que n'approuverait l'Agent diplomatique français.

* Voir *Egyptologie Française et Egyptienne*, A. Chélu Bey, 1897.

CONSTRUCTION
DU MUSÉE DES ANTIQUITÉS EGYPTIENNES
AU CAIRE

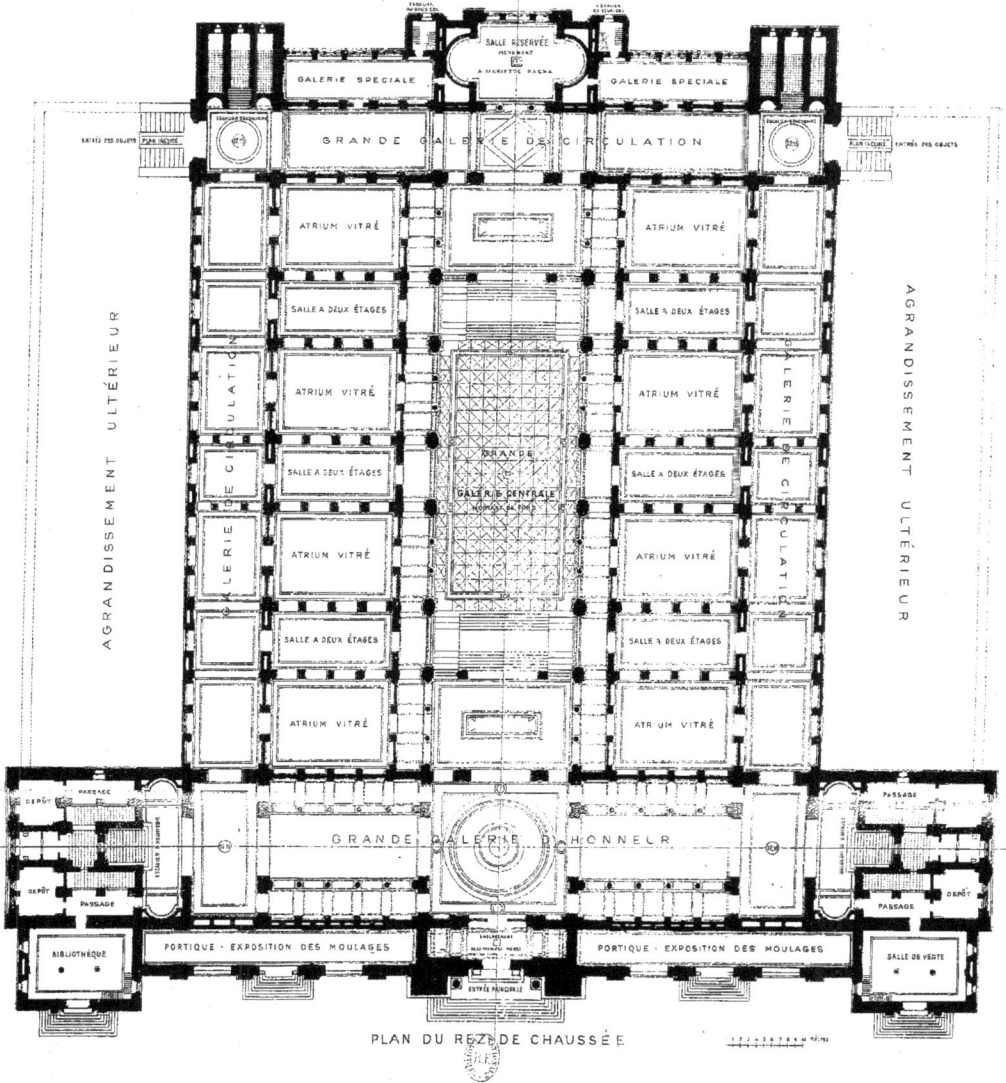

GALERIE SPECIALE

GALERIE SPECIALE

SALLE RÉSERVÉE

GRANDE GALERIE DE CIRCULATION

ENTRÉE DES OBJETS PLAN INCLINÉ

PLAN INCLINÉ ENTRÉE DES OBJETS

ATRIUM VITRÉ

ATRIUM VITRÉ

SALLE A DEUX ÉTAGES

SALLE A DEUX ÉTAGES

AGRANDISSEMENT ULTÉRIEUR

GALERIE DE CIRCULATION

ATRIUM VITRÉ

ATRIUM VITRÉ

GALERIE DE CIRCULATION

AGRANDISSEMENT ULTÉRIEUR

SALLE A DEUX ÉTAGES

GRANDE
GALERIE CENTRALE

SALLE A DEUX ÉTAGES

ATRIUM VITRÉ

ATRIUM VITRÉ

SALLE A DEUX ÉTAGES

SALLE A DEUX ÉTAGES

ATRIUM VITRÉ

ATRIUM VITRÉ

DÉPÔT PASSAGE

PASSAGE

GRANDE GALERIE D'HONNEUR

DÉPÔT PASSAGE

PASSAGE DÉPÔT

BIBLIOTHÈQUE

PORTIQUE · EXPOSITION DES MOULAGES

PORTIQUE · EXPOSITION DES MOULAGES

SALLE DE VENTE

ENTRÉE PRINCIPALE

PLAN DU REZ DE CHAUSSÉE

teur le plus noble et le plus désintéressé de l'influence française. L'œuvre grande, belle et féconde qu'il a fondée sur
les bords du Nil a seule survécu intacte, alors que tant
d'autres institutions françaises ont disparu. Glorifier sa mémoire, c'est, au point de vue français, accomplir un acte de
conservation ; au point de vue égyptien, ce sera justice.

Que le gouvernement de la République veuille bien se le
rappeler et que des instructions en conséquence soient
données à son représentant au Caire : tous les obstacles, s'il
en existe de réels, seront alors aplanis et Mariette aura
bientôt sa statue.

A. CHÉLU Bey,
Mandataire de la famille de Mariette Pacha.

Le Caire, le 5 Avril 1900

DE M. L. BOUDENOOT,
Député et Conseiller Général du Pas-de-Calais,

À M. DELCASSÉ,
Ministre des Affaires Etrangères.

Paris, le 18 Avril 1900.

MONSIEUR LE MINISTRE,

J'ai l'honneur de vous prier de vouloir bien demander à M. le Ministre de France, au Caire, de presser la solution de la question relative à l'érection du monument de Mariette Pacha en Egypte.

Il résulte des documents que je joins à la présente lettre, que les dispositions sont tout aussi favorables à une prompte et heureuse solution à l'Agence d'Angleterre, qu'elles le sont naturellement à l'Agence de France ; et qu'une décision peut être rapidement prise d'un commun accord, dès que le Ministre de France voudra bien intervenir.

Je n'ai pas besoin de faire ressortir aux yeux de Monsieur le Ministre des Affaires Etrangères le grand intérêt français qui s'attache à l'érection, en Egypte, d'un monument élevé en l'honneur d'un Français et en même temps à la Science française.

Il serait extrêmement fâcheux de ne pas profiter des circonstances et des dispositions favorables que j'ai rappelées plus haut, et de retarder davantage — ce qui pourrait en compromettre le succès — l'action que peut et doit, en pareil cas, exercer le représentant des intérêts français en Egypte.

Commémorer d'une façon durable et sur une des places publiques d'Egypte, par un monument dû à un sculpteur français, les services rendus à la Science, à la France et à l'Egypte, par l'illustre savant français que fut Mariette, c'est une œuvre éminemment patriotique et profitable à l'influence française.

Je suis donc persuadé qu'il me suffira d'avoir appelé sur cette affaire, l'attention de Monsieur le Ministre des Affaires Etrangères, pour qu'il la prenne à cœur et donne les instructions nécessaires pour qu'elle soit menée promptement à bonne fin.

Veuillez agréer l'assurance de mes hommages respectueux et de mes sentiments dévoués.

L. BOUDENOOT, Député,
197, Boulevard St-Germain.

Pièces annexées:

A. — Opuscule sur MARIETTE PACHA.

B. — NOTE, exposant l'état actuel de la question du monument de MARIETTE PACHA (par A. CHÉLU BEY).

MINISTÈRE
DES
AFFAIRES ETRANGÈRES

DIRECTION DES AFFAIRES POLITIQUES

SOUS-DIRECTION DU MIDI

RÉPUBLIQUE FRANÇAISE

Monsieur BOUDENOOT,
Député du Pas-de-Calais.

Paris, le 9 Juin 1900.

Monsieur le Député et Cher Collègue,

Vous avez bien voulu appeler mon attention sur l'intérêt que vous verriez à ce que la question relative à l'érection en Egypte d'un monument, destiné à perpétuer la mémoire de Mariette Pacha, pût recevoir une solution prochaine. Vous m'avez prié, en conséquence, d'inviter notre agent diplomatique au Caire à hâter de tous ses efforts la réalisation du projet élaboré dans ce sens par M. Chélu.

J'ai l'honneur de vous faire savoir qu'en prévision de la translation du Musée de Ghizeh à Kasr-el-Nil, mon Département a, de longue date, signalé à son Agent au Caire le prix qu'il attachait à ce que la mémoire de Mariette fût honorée comme il convient sur le sol de l'Egypte.— La correspondance du Ministre de France en Egypte nous donne toute assurance qu'il apprécie comme nous cet intérêt. Je n'en ai pas moins cru devoir lui transmettre les documents que vous avez pris soin de me communiquer et je lui ai recommandé particulièrement cette affaire, qui, j'ai à peine besoin de l'ajouter, est l'objet de toute la sollicitude de mon Département.

Agréez, Monsieur le député et cher Collègue, les assurances de ma haute considération et de mes sentiments dévoués.

Signé : DELCASSÉ.

IX

FINIS

TOMBEAU DE MARIETTE PACHA

PROJET

FINIS

Rencontré inopinément M. le Ministre de France en Egypte. Il veut bien me dire que les promesses qui m'ont été faites sont officiellement ratifiées.

La longue campagne en faveur de la glorification de la mémoire de Mariette Pacha par l'Egypte, est donc enfin clôturée. Entamées dès 1894, les négociations ont seulement abouti en Juin 1900.

Mariette aura son monument funéraire qui perpétuera la mémoire du grand savant français. La statue que son humble et reconnaissant ami s'était juré d'obtenir, lui sera bientôt érigée. Bientôt, je l'espère, elle rappellera aux Egyptiens, aux colonies étrangères, l'œuvre incomparable de Mariette et les inestimables services que lui doivent son pays d'adoption, la science et le monde entier.

En dernier lieu, son nom sera, ainsi que je l'ai proposé, * donné au boulevard qui longe, à l'Est, le nouveau Musée des Antiquités Egyptiennes.

Le monument funéraire se composera d'un bel exèdre en marbre blanc avec, au centre, le sarcophage de Mariette. Dans le projet primitif, la statue gigantesque de Rhamsès, qui ornait antérieurement le tombeau de Boulaq, devait être érigée en arrière de l'exèdre et dominer l'ensemble du monument de Kasr-el-Nil; un massif de verdure en constituerait l'arrière-plan. Le projet de ce monument, établi sous la direction de Manescalco Bey, architecte en chef du Ministère des Travaux Publics, eut pour auteur l'architecte français Collonges.

* Voir, page 107, lettre à M. le Sous-Secrétaire d'État du Ministère des Travaux Publics.

Pour la statue commémorative, j'avais songé à l'un des deux squares du rond-point de Kasr-el-Nil ; ce qui m'avait d'ailleurs été concédé. Mais, en dernier ressort, on crut devoir modifier le monument funéraire, en supprimant le gigantesque Pharaon, qui fut remplacé par la statue même de Mariette disposée en avant du sarcophage où sont déposées les cendres de l'immortel archéologue.

Cette dernière combinaison réalisant, en somme, un ensemble très artistique, suffisamment écarté du Musée, pour ne pas être écrasé par la masse des constructions avoisinantes, je crus devoir ne formuler aucune critique.

A défaut du sculpteur Lormier, mon collaborateur de la première heure, la statue fut demandée au maître Denys Puech. Moyennant la modique somme de 30.000 Francs que m'avait promise Lord Cromer, cet éminent artiste voulut bien se charger de l'œuvre. Le projet du piédestal fut confié à l'architecte Edouard Mariette, frère du grand Egyptologue.

Arrivée au Caire le 14 Février 1904, la statue fut dressée sur son piédestal le 18. L'inauguration solennelle en eut lieu un mois plus tard, le 17 Mars 1904.

A cette solennité assistèrent tout ce que le Gouvernement Egyptien, les sociétés savantes, le corps diplomatique et consulaire et la ville du Caire, comptaient de personnalités distinguées.

De nombreux touristes de marque avaient sollicité et obtenu d'être admis à apporter un dernier témoignage d'admiration au grand savant Français.

Il avait été, en principe, entendu que diverses personnalités politiques qui avaient prêté à l'œuvre de Mariette le concours de leur influence, représenteraient le Gouvernement Français à l'inauguration du 17 Mars. Il ne fut donné aucune suite à ce projet de délégation.

Seul M. Charles Péron, maire de Boulogne-sur-Mer, où naquit Mariette, et mandataire de la Municipalité de cette

MARIETTE PACHA
sa statue par Denys Puech
ÉRIGÉE AU CAIRE LE 17 MARS 1904.

ville, s'était imposé les fatigues d'un long voyage, dans le seul but d'assister au triomphe posthume de son grand conci- toyen.

Au cours de la séance, ouverte à 3 heures 40, six discours dont ci-dessous le texte, ont été prononcés :

Discours de S.E. Hussein Fakhry Pacha, Ministre des Travaux Publics d'Egypte.

MESSIEURS,

Le Gouvernement de S.A. le Khédive a voulu, par cette belle cérémonie d'aujourd'hui, rendre un nouvel hommage à la mémoire de Mariette Pacha, et témoigner encore de ses sentiments de haute estime pour le savant dont les travaux, comme les études, sont intimement liés au progrès de la science de l'égyptologie.

Soucieux de recueillir et de sauver de la dispersion les vestiges des anciennes civilisations de la vallée du Nil, le vice-roi Saïd Pacha, en 1858, attacha à son service Mariette, dont le nom était déjà célèbre par la découverte du Séra- péum. De cette époque date la série mémorable de recherches et de fouilles qui, tout en enrichissant la science historique de documents nouveaux, aboutit à la création du Musée de Boulaq. Mais il fallait aussi arrêter la destruction des monu- ments qui jusqu'alors avaient résisté à l'action des siècles, et soustraire les nombreux sites antiques aux entreprises intéressées qui s'exerçaient au détriment de la science et du pays. Grâce à l'appui constant et à la faveur dont il fut honoré par les Khédives d'Egypte, Mariette parvint à éten- dre dans cette voie l'action tutélaire du Gouvernement, et c'est à cette œuvre si féconde de l'organisation du Service des Antiquités qu'il voua, dans les dernières années de sa vie, toutes ses facultés et son énergie.

Mariette mourut le 18 Janvier 1881. L'Egypte garda ses restes mortels, et il fut décidé que ses cendres reposeraient

près des monuments antiques qui avaient été les témoins
des travaux qui ont illustré sa carrière. Enfin, au moment
où le Musée des antiquités égyptiennes trouvait son installation définitive sur le sol de la Capitale, le Gouvernement
résolut d'apporter une consécration suprême à la renommée
de cet éminent serviteur du pays, en lui élevant, dans l'enceinte même de ce Palais des antiquités, la statue, due au
ciseau du sculpteur Puech, que l'on va découvrir devant vous

Ce bronze qui fait revivre les traits de Mariette pacha,
perpétuera son souvenir sur la terre d'Egypte.

*Discours de M. Maspéro, Directeur Général
du Service desAntiquités d'Egypte.*

L'Egypte avait gardé Mariette, et elle lui avait élevé un
tombeau dans les jardins de Boulaq, en face du musée qu'il
avait fondé. Elle ne l'a pas oublié, malgré le quart de siècle
qui s'est presque écoulé depuis sa mort : pour bien marquer
le souvenir reconnaissant qu'elle lui conserve, elle a voulu
lui ériger un monument et une statue, à côté du musée nouveau qu'elle vient de se bâtir.

Si grand que l'honneur paraisse, ceux qui furent familiers
avec l'homme et avec son œuvre conviendront qu'il est mé-
rité. Indigènes ou étrangers en voyage, il nous semble tout
simple aujourd'hui de trouver au Caire la galerie d'antiques
égyptiens la plus riche qu'il y ait au monde, ou de voir par-
tout, dans les provinces, des monuments surveillés et entre-
tenus comme ceux de l'Europe ne le sont pas toujours ; nous
avons peine à nous figurer que rien de cela n'existait il y a
cinquante ans, et que les Pharaons étaient au pillage des
cataractes à la mer. Les marchands excitaient les fellahs
à saccager les cimetières et les temples : il leur importait
peu de détruire vingt pièces importantes, pourvu qu'une
seule leur fût livrée complète dont ils tireraient un bon prix
à Paris ou à Londres. Les cités d'autrefois étaient pour les

entrepreneurs et pour les officiers de l'Etat comme autant
de carrières ou ils s'approvisionnaient sans frais, lorsqu'ils
avaient à construire une usine ou des quais. Vers le milieu
du XIXᵉ siècle, il ne restait plus que les ruines des ruines
décrites par les savants de l'expédition française, et, si l'on
eût tardé quelque temps encore, ces ruines de ruines auraient
péri elles-mêmes. Mariette vit sept cents tombeaux dispa-
raître dans les plaines d'Aboukir et de Saqqarah, pendant
les quatre années qu'il y fouilla pour le compte du Gouvernement impérial. Aussi, du jour qu'il devint Directeur des
Antiquités, il n'eut plus qu'un souci, mettre les monuments
à l'abri d'injures si cruelles. « Je veux que vous veillez à leur
salut, lui avait dit Saïd Pacha, en le nommant ; vous répé-
terez aux moudirs de toutes les provinces que je leur défends
de toucher à une pierre antique ; vous enverrez en prison
tout fellah qui posera le pied dans un temple ». C'était déclarer Mariette en guerre ouverte avec tous ceux qui bénéfi-
ciaient de l'exploitation du passé. Il n'y eut pas toujours le
dessus, malgré l'appui que les successeurs de Saïd Pacha lui
prêtèrent ; mais, si les dernières murailles du Temple d'Er-
ment passèrent dans les réparations de la sucrerie voisine,
du moins les colonnes de Louxor ne furent pas employées
aux fondations d'un hôtel. Karnak fut soustrait aux dévas-
tations des tailleurs de pierre. Abydos secoua son linceul de
sable. Edfou et Denderah se débarrassèrent des villages qui
les déshonoraient et ils surgirent intacts des immondices :
si leurs prêtres étaient rappelés à la vie par un miracle d'en
haut, deux ou trois jours leur suffiraient pour y préparer la
reprise du culte.

Ce n'était pas assez d'avoir sauvé ce qui subsistait des
édifices enracinés au sol ; il fallait offrir un asile certain aux
milliers de statues, de cercueils, de stèles, d'ustensiles et de
menus objets que les fouilles méthodiques ou le hasard
ramenaient à la lumière. L'idée d'un musée n'était pas nouvelle. Champollion l'avait suggérée au Grand Mohammed Ali,

dès 1829, et quelques années plus tard, en 1835, celui-ci
s'était efforcé de la réaliser ; mais le premier musée du Caire,
relégué dans un coin de la Citadelle, mal classé, mal soigné,
dépouillé de ses pièces les meilleures chaque fois qu'un
prince européen visitait l'Egypte, n'existait plus que de
nom lorsque Mariette entra au service. Il réclama d'abord
la construction d'un musée monumental qui, placé à l'Ezbé-
kieh, au centre même de la cité moderne, eût offert à toutes
les civilisations du Nil un cadre digne de leur grandeur sou-
veraine, puis, comme le vice-roi, étonné par la hardiesse de ce
projet, ne se pressait pas d'en décider l'exécution, il obtint
dans le faubourg de Boulaq, en bordure sur le fleuve, la
concession de deux ou trois baraques délabrées qu'il répara
de son mieux. C'est là que vinrent se ranger, en moins de
vingt ans, et le Khéphrên de diorite, et l'immortel Cheikh
el-Beled, et le couple de Meidoum, et la Taïa, et l'Amené-
ritis en albâtre, et tant d'autres chefs-d'œuvre d'un sentiment si haut ou d'une vérité si expressive. Il les y installait
avec amour, les remuant de salle en salle, et dans chaque
salle de place en place, jusqu'à ce qu'il eût trouvé pour chacun d'eux l'endroit qui lui convenait le mieux et le jour qui
en faisait ressortir les qualités maîtresses. Nous qui les avons
connues, nous les regretterons toujours ces salles d'un aspect
si intime et si doux, d'une lumière tempérée si adroitement,
d'une disposition et d'un charme si subtils, qu'à peine y
avait-on mis le pied, on se sentait entraîné à les parcourir
jusqu'au bout, et que, pour s'y être aventuré une fois, on
y voulait revenir sans cesse. Les objets les plus beaux ou
les plus caractéristiques d'une époque étaient classés de
manière à forcer l'attention du visiteur, mais ils la forçaient
si discrètement que nul ne s'apercevait de la violence qui
lui était faite. Si distrait qu'il fût, il fallait qu'il les vît,
qu'il s'étonnât d'eux, qu'il essayât de les comprendre, qu'il
les comprît. Ils n'étaient plus pour lui ces choses mortes
qu'ils sont si souvent dans les musées d'Europe, mais ils lui

racontaient, chacun pour soi, un peu de ce grand passé auquel ils avaient appartenu, tant qu'enfin il entrait sans presque s'en douter en pleine communion avec l'âme de l'antiquité. Lorsque des puritains de science reprochaient à Mariette ce qu'ils appelaient ses étalages inutiles, il avait beau jeu leur répondre : « Si le Musée, ainsi arrangé, plaît à ceux auxquels il est destiné, s'ils y reviennent souvent, et en y revenant s'inoculent l'amour des antiquités de l'Egypte, mon but est atteint, et je suis content ».

Ce n'était pourtant à ses yeux qu'un dépôt d'attente, une station qu'il eût souhaité abréger pour arriver bien vite à ce Musée idéal, auquel il songeait sans cesse, et dont la pensée le tourmentait encore dans son agonie. La fortune, qui le lui refusa si malignement, a donné à ses successeurs de voir réaliser son rêve. Le grand Musée existe aujourd'hui, il est là, devant lui comme il l'est devant nous, et, si l'accès lui en est fermé, c'est du moins vers la porte que le sculpteur a tourné la face de sa statue. La tâche est ingrate pour un artiste de restituer la physionomie d'un homme qu'il n'a point connu. C'est en vain qu'on lui prodigue les photographies, les bustes, les portraits peints à des âges différents et desquels il déduit en gros l'attitude et les traits ; la forme générale établie, il lui manque, pour préciser et pour animer son œuvre, d'avoir vu courir sur son modèle ce frémissement imperceptible de tout l'être que la vie seule produit et que les plus habiles d'ordinaire ne saisissent bien que sur la vie. Puech a réussi où plus d'un aurait échoué, et son Mariette est bien le Mariette de nos souvenirs, mûr et attristé déjà, mais encore dans la pleine possession de sa force et de sa volonté. Il est droit, haut, ferme, énergique ; tout en lui respire l'énergie presque brutale, et l'on sent que s'il fût né deux cents ans plus tôt, dans un siècle d'aventures, il eût écumé volontiers les mers sur les flûtes boulonnaises. Les bras croisés sur la poitrine, il serre dans la main droite le plan des bâtiments et des jardins de Boulaq, tandis que sa tête, portée vers la gauche, laisse courir son regard sur la façade du Musée nouveau. Il songe, et la tension de la pensée imprime à ses traits une expression sévère, mais ses yeux et ses lèvres conservent un reflet de cette bonté qui corrigeait chez lui la dureté des dehors. Nul n'était plus bourru d'apparence, avec les vastes lunettes noires bombées qui lui cachaient presqu'une moitié du visage ; mais, sous son masque de rudesse à demi volontaire, c'était le cœur le plus tendre et l'âme la plus délicate. Tous ceux qui l'approchaient assez longtemps et d'assez près pour l'apprivoiser l'aimaient bientôt avec passion. Une fois accoutumés à ses allures farouches il n'y avait rien qu'ils ne fissent pour le servir, et il dut parfois ses succès les plus beaux au dévouement sans bornes qu'il savait inspirer à ses subordonnés.

J'aurais voulu les associer à la glorification de celui qui fut leur ami plus que leur chef, ces bons ouvriers de la première heure dont le souvenir flotte encore autour de notre Musée, Bonnefoy, Gabet, Floris, mais je n'ai rien trouvé qui me permît de reconstituer leur figure, et ils ne sont plus pour nous que des noms. Je puis du moins l'évoquer à vos yeux ce Vassalli qui, vingt années durant, fut l'auxiliaire infatigable de tous les travaux, le confident de toutes les joies et de toutes les douleurs. Son corps repose au loin dans quelque coin perdu des cimetières romains ; son buste est ici au pied de la statue du maître. Il avait été à la peine, il est juste qu'il soit à l'honneur, et qu'il ait sa part de l'hommage que rend à Mariette l'Egypte reconnaissante.

Discours de M. de la Boulinière, Ministre
*de France en Egypte. **

MESSIEURS,

Devant l'image de Mariette, qui vient de surgir en pleine lumière, au seuil d'un admirable musée dont cet illustre savant a eu la première pensée ; devant le vaste monument

* Depuis Août 1902.

dédié à l'œuvre merveilleuse commencée par Mariette, avec
une lucidité d'esprit remarquable, et poursuivie par lui à
travers l'ombre et la poussière des siècles, avec une science
dont l'imagination reste confondue ; devant vous tous qui
êtes ici réunis dans une même pensée, je désire exprimer, en
quelques mots, les sentiments que me fait éprouver la belle
cérémonie à laquelle nous assistons. Je ne vous parlerai pas
des travaux accomplis par Mariette : d'autres l'ont fait avec
un talent et une compétence que je n'ai pas ; je veux seulement, au pied de la statue du grand Egyptologue que la
France a vu naître, remercier le Gouvernement Egyptien,
dire à M. le Ministre des Travaux publics qui préside cette
réunion, toute ma gratitude, remercier tous ceux qui ont
bien voulu s'associer à l'hommage rendu à Mariette, enfin
saluer avec reconnaissance, au nom de la France, au nom de
mes compatriotes, la mémoire du Français qui a su mériter
cet honneur. Il le doit, le glorieux enfant de Boulogne et de
la France, à ce que sa science a été assez grande et assez pure
pour rayonner sur tout le monde savant ; il le doit, ce grand
Egyptologue, à ce qu'il ne s'est pas montré ingrat vis-à-vis
de l'Egypte, et s'est dévoué à ce pays qui l'avait attiré par
son charme, retenu par tant de liens, et fait illustre. Dès son
jeune âge, il semble que Mariette ait été entraîné, comme
par un instinct invincible, vers l'Egypte, vers ses mystères
à peine soupçonnés : mis en présence d'un cercueil de momie
mutilé, il se sentit égyptologue. Chargé d'une mission en
Egypte, il devenait archéologue et découvrait le Sérapéum.
Cette mission, qui devait le tirer de l'obscurité et devait avoir
tant d'autres beaux résultats, c'est la France qui la lui avait
confiée, c'est pour elle qu'il l'avait remplie : aussi quand
elle le donna ensuite à l'Egypte, connaissait-elle et appréciait-
elle toute sa valeur.

L'Egypte avait pour Mariette d'irrésistibles séductions ;
c'est avec joie qu'il retournait à ses beaux déserts dorés qu'il
aimait avec passion. Mais ce n'était plus pour le compte de

la France que Mariette regagnait le pays où il avait si vite
et si bien employé ses facultés exceptionnelles, les lieux dont
il savait pénétrer les secrets. Il allait servir une seconde patrie
et se consacrer à l'Egypte, non point par ambition ou par
intérêt, — il n'a jamais connu ces sentiments, — mais par
amour de la science, par amour de l'égyptologie. Saïd Pacha
ne s'y trompa point, quand il lui confia la création d'un
service nouveau, et, en 1858, le nomma Directeur des Travaux d'antiquités. Ce jour là, — et c'est pour Mariette un
beau titre à l'estime de tous, — le Khédive bien inspiré avait
assuré à l'Egypte la conservation de ses antiques trésors.

Mariette, honoré de la confiance de Saïd Pacha, puis d'Ismaïl Pacha, ne se borna pas à faire des découvertes ; il ins-
talla ses riches collections à Boulaq, dans ce musée qui a
laissé à tous ceux qui l'ont connu une impression si char-
mante. Il ne se contenta pas de cela ; il eut à défendre son
musée, et il le fit avec une fermeté et une conscience inébran-
lables. Il fallait en effet rompre avec de vieilles habitudes tra-
ditionnelles qui faisaient de l'Egypte,— qui tendaient à faire
de Boulaq, — un dépôt d'antiquités où se fournissaient et
s'enrichissaient les musées d'Europe. On raconte que l'Impé-
ratrice Eugénie demanda au Khédive Ismaïl quelques pièces
rares du Musée de Boulaq pour les collections du Louvre.
C'était une épreuve. Il était difficile au Khédive, surtout à
un prince généreux et magnifique comme Ismaïl, de refuser.
Il s'inclina devant un désir qui était un ordre venant d'une
pareille bouche, mais il ajouta avec esprit qu'un homme était
plus puissant que lui à Boulaq ; cet homme était Mariette,
et Mariette refusa. Le Musée de Boulaq garda ses trésors
intacts, et chacun s'inclina respectueusement devant la
loyauté et la fermeté de l'égyptologue, du savant qui met-
tait en première ligne le devoir. Une ère nouvelle était commencée ; l'Egypte moderne était rattachée à son brillant
passé, et la part de Mariette dans cette transmission était
belle.

J'ai fini. Je désirais seulement, au moment où un Français était glorifié en Egypte, rendre hommage devant vous à son beau caractère et saluer le savant impeccable que fut Mariette.

Discours de M. C. Péron, Maire de Boulogne, Délégué de la Municipalité de la ville natale de Mariette.

MESSIEURS,

Bâtie dans un cercle de collines, la ville de Boulogne-sur-Mer est dominée par une vieille tour, le beffroi, qui reste comme le souvenir des libertés communales au Moyen âge, et autour duquel se sont groupés les bâtiments qui forment aujourd'hui l'Hôtel-de-Ville, c'est-à-dire le lieu où palpite le cœur de la cité. C'est là que, de 1815 à 1850, pendant plus de trente-cinq ans, travaillait un modeste fonctionnaire, M. Mariette, secrétaire de la mairie. Cet homme distingué, plein d'intelligence et de courage, mourut à son poste, frappé d'une congestion. En mémoire de ses services, la ville concéda, à titre d'hommage public, le terrain où reposent ses restes, et pensionna jusqu'à leur majorité deux de ses enfants mineurs qu'il laissait. Deux autres enfants de cet homme respectable n'assistaient pas à ses obsèques : l'un était alors professeur en Angleterre, l'autre voyageait dans la Haute-Egypte.

A plus de trente ans de là, l'un de mes honorables prédécesseurs, M. Auguste Huguet, sénateur du Pas-de-Calais, donnait à une grande voie publique le nom de ce fils qui n'avait pu suivre le cercueil paternel ; il apposait, sur l'humble demeure qui l'avait vu naître, une plaque de marbre destinée à rappeler son nom aux générations, et il présidait à l'inauguration d'une statue d'Auguste Mariette, l'explorateur savant qui avait continué à parcourir l'Egypte, berceau des religions, des sciences et des arts du monde civilisé. L'Association amicale des anciens élèves du collège

communal de Boulogne, où Mariette fut élève, puis professeur, avait, auparavant, tenu à attacher à sa fondation un
nom glorieux en le nommant son premier président d'honneur. Depuis, elle a fait mieux encore : sur sa proposition,
le Conseil municipal de Boulogne-sur-Mer a donné au vieil
établissement universitaire le nom honoré du grand égyptologue.

Le jour de l'inauguration que je viens de rappeler, les plus
hautes autorités de la politique, de la science historique et
archéologique entouraient alors le premier magistrat boulonnais et disaient, avec la conviction que donne le talent
comme avec la reconnaissance qu'inspirent d'insignes services, ce qu'avait été mon illustre concitoyen. Il serait
téméraire de venir, après eux, retracer la vie d'Auguste
Mariette. Tout au plus, pourrai-je, en quelques mots, mon-
trer la merveilleuse concordance de circonstances appro-
priées à ses aptitudes exceptionnelles : la pacifique conquête
par les savants de l'expédition française de 1798, d'un champ
nouveau d'explorations fécondes. Ces premières recherches
à travers les richesses historiques de l'Egypte permirent,
en 1822, à Champollion, de retrouver l'art divin des écritures
hiéroglyphique et démotique. Mariette, ce grand laboureur
du champ ainsi ouvert aux investigations de la science,
était né en 1821.

Je ne voudrais en rien essayer de diminuer la gloire
d'Emmanuel de Rougé et des grands égyptologues qui,
après lui, ont complété l'admirable découverte de Champollion : je me bornerai seulement à parler de celui qui devait
leur fournir, à tous, les matériaux de leurs travaux philolo-
giques, tout en apportant lui-même à l'histoire une inoubliable et imposante contribution.

Mariette commença ses études dans une école qui eut
aussi l'honneur d'abriter les premiers balbutiements de
Sainte-Beuve, un autre de nos concitoyens, et qui, grâce
à eux, ne sera pas oubliée, l'institution Blériot. Il les termina,

comme je viens de le dire, au collège communal, de création récente ; sans même les achever, il chercha sa voie. Commis amateur à la mairie sous l'égide paternelle, professeur en Angleterre, Mariette faillit échouer dans la carrière de dessinateur industriel ; mais bientôt de retour à Boulogne, il passe son baccalauréat. A vingt ans, jeune préfet des études au collège, il est en même temps journaliste, historien et romancier, il écrit, il travaille.

C'est alors que se produit le choc d'où doit jaillir l'étincelle du génie. Le Musée de Boulogne-sur-Mer venait d'acquérir une momie provenant de la collection de l'un des membres de la mission d'Egypte, Vivant-Denon. Ce fut comme un shpinx posant l'énigme à un nouvel Œdipe. Sans autre aide que la grammaire de Champollion et son mince bagage de connaissances classiques, le jeune professeur entreprit de déchiffrer les figures qui ornaient le cercueil antique. Il compléta ses études en grec, il apprit le copte, et enfin, en 1847, il écrit le « Catalogue analytique des objets composant la galerie égyptienne du Musée de Boulogne ».

J'ai dit, Messieurs, que je n'essaierai pas de redire une histoire que d'autres ont mieux narrée. Je passerai rapidement sur l'appel de Mariette au Louvre, sur l'obtention de sa première mission, et sur la bifurcation, si j'ose employer ce mot, qui lui fit abandonner la recherche des manuscrits coptes, pour se mettre à la recherche d'un monument qu'on croyait disparu, le Sérapéum ou tombeau des Apis. Le récit de cette découverte, qui contient aussi des épisodes divers, touche souvent à l'épopée : contre les hommes, contre le climat, contre le manque de nécessaire même, Mariette dut lutter avec une énergie inlassable, avec une persévérance, une foi sans limites. Mais quelle sublime récompense, quel enthousiasme, quels pleurs délicieux lorsque, le 15 mars 1852, il posa, symbole de sa volonté, la rude empreinte de son pied à côté de celles laissées par les ouvriers « qui, 2300 ans auparavant, avaient couché le dieu dans sa tombe ».

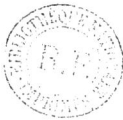

Il en avait trouvé l'entrée dans la nuit du 12 au 13 novembre 1851. Ces dates marquent la résurrection d'un monde évanoui. La voie triomphale s'ouvrait pour Mariette : il devait la parcourir, trente ans durant, d'un pas gigantesque et toujours sûr, multipliant les découvertes, accumulant les matériaux, ouvrant sur l'histoire ancienne de l'Egypte des horizons qui sembleraient fabuleux, s'ils n'étaient la vérité.

Le temps des épreuves n'était point passé ; elles durèrent avec la vie du savant, mais ses succès l'en consolaient et, par ses succès je n'entends point les titres, les décorations que la France, que l'Egypte, que les nations lui décernèrent, — je n'entends point la consécration glorieuse que lui donnèrent les expositions de 1867 et 1878, — j'entends la récompense de l'inventeur, celle d'un Bernard Palissy brûlant sa maison pour voir jaillir l'émail, celle d'un Mariette évoquant les dieux, les Pharaons, les rois pasteurs.

Il mourut à la tâche : l'incomparable vigueur d'un corps athlétique fut vaincue par des travaux surhumains, et l'enveloppe matérielle fut brûlée par le feu de l'esprit. Quand il sentit l'atteinte fatale du destin, il était parmi nous, demandant un peu de soulagement à l'air natal ; mais il avait entendu le suprême appel, et il voulut repartir au pays du soleil, pour expirer au milieu de ses œuvres, parmi les chères filles de sa pensée, tel un soldat au champ d'honneur. La noble terre d'Egypte réservait à cet homme admirable, mort pauvre, un tombeau digne des Pharaons dont il avait fait revivre l'histoire. Et n'était-ce pas un souverain enseveli dans son royaume, le mort qui, par l'au delà de la vie, veillait encore sur ce Musée de Boulaq qu'il avait fondé ? Et les vieux Pharaons n'auraient-ils pas cru voir passer l'un des leurs, quand l'imposant cortège de deuil conduisit Mariette vers la chambre funéraire ?

L'extension considérable que les éminents successeurs du grand homme ont donnée aux travaux égyptologiques a, deux fois, exigé le transfert du tombeau, d'abord à Ghizeh,

puis au Palais de Kasr-el-Nil ; et, toujours, l'ombre puissante,
le « double » du maître plane sur ce musée qui n'a point son
pareil au monde. Des mains pieuses et reconnaissantes
avaient résolu de faire plus encore ; elles ont voulu que
l'Egypte, qui garde à Mariette Pacha un souvenir vivant,
pût contempler, dans la gloire du bronze, son énergique et
vigoureuse physionomie, dans laquelle l'allure violente,
brusque, vaillante du pionnier le dispute à la volonté péné-
trante, attentive, sagace de l'historien. Une statue érigera,
par les siècles à venir, sa silhouette précise, pour dire que cet
homme fut grand, pour attester qu'un peuple a voulu éter-
niser sa gratitude.

Je suis venu, Messieurs, du pays des brumes, où naquit
Mariette, pour parler, à cette nation de soleil, de la reconnaissance qu'éprouvent les Boulonnais, le Conseil Municipal
qui les représente, et l'Association amicale des anciens élèves
du Collège, pour affirmer ici que, comme le père de Mariette
fut le simple et dévoué serviteur d'une cité, le fils, l'un des
plus hauts représentants de la science française, fut le serviteur génial de l'Egypte, le prêtre inspiré de l'idée. Peut-
être me suis-je étendu plus que je ne voulais. En terminant,
j'ai le devoir d'exprimer particulièrement, au nom de mes
concitoyens, les remerciements les plus respectueux au
Gouvernement de S.A. le Khédive, dont la haute autorité
a permis l'érection de ce beau monument, notamment à
S.E. Fakhry Pacha, Ministre des Travaux Publics. J'adresse
en même temps les plus chaleureuses félicitations à MM.
de la Boulinière, Ministre de France, Maspero, Directeur
général du Service des Antiquités égyptiennes, Chélu Bey,
promoteur du projet, ainsi qu'au maître sculpteur Denys
Puech, auteur de la statue, et à notre concitoyen Edouard
Mariette, architecte du piédestal, frère de l'illustre égyptologue aujourd'hui glorifié, dont les efforts réunis et le dévouement ont assuré la réalisation de ce suprême et magnifique
hommage.

Discours de M. Alfred Mariette,
Conseiller de Préfecture du Département du Pas-de-Calais,
Fils de l'illustre Egyptologue.

Lorsqu'en 1882, un an après la mort de mon père, je quittai l'Egypte, je ne pensais pas y revenir pour revivre ici même des souvenirs émus, et assister à une nouvelle consécration d'une mémoire qui nous est chère.

Boulogne-sur-Mer, notre ville natale, avait déjà, en cette même année, élevé un monument à Mariette Pacha. L'Institut de France, de son côté, a bien voulu faire figurer son buste dans la galerie de ceux de ses membres, qui, décédés, ont rendu à cette Compagnie de distingués services. Aussi, lorsque j'appris qu'un nouveau monument devait être élevé au Caire à celui qui considérait l'Egypte comme son pays d'adoption, la reconnaissance que nous devions à cette terre d'Egypte et à son Gouvernement pour tout ce qu'il a bien voulu qu'il soit fait, s'est-elle doublée d'un sentiment de réelle affection que je suis heureux d'exprimer devant vous.

C'est donc avec la plus profonde reconnaissance que je salue ici, au nom de ma famille et au mien, le Gouvernement Egyptien, et que j'adresse tous nos respectueux remerciements à Son Altesse le Khédive, qui a bien voulu permettre qu'à côté du sarcophage où sont déposés les restes mortels de mon père, fût élevé un monument représentant le serviteur de la science, l'homme que vous honorez aujourd'hui une fois de plus encore.

Je voudrais formuler à chacun de ceux qui ont bien voulu s'associer à la généreuse pensée qui nous réunit, l'expression de toute notre gratitude, mais je serais entraîné trop loin, et je devrais citer trop de noms, tant a été grand le nombre des bonnes volontés. Qu'il nous soit donc simplement permis de joindre, dans une pensée commune de très vive reconnaissance, tous ceux qui, à un titre quelconque, de près comme de loin, ont bien voulu apporter à la réalisation de l'œuvre grandiose que 'nous admirons tous aujourd'hui, l'appui de leur autorité ainsi que le concours de leurs efforts, et permettre que, sur cette terre qu'il appelait sa deuxième patrie, mon père reposât pour toujours à l'ombre du monument élevé à sa mémoire par le Gouvernement Égyptien.

*Discours de M. A. Chélu Bey *.*

MESDAMES, EXCELLENCES, MESSIEURS,

Quelques mots seulement.

Lointaine déjà est la mort de Mariette. Mais sa disparition n'a rien atténué de l'affection respectueuse et profonde et de la reconnaissance infinie que je lui avais vouées. Après m'avoir amené en Egypte en 1873, ce noble savant, ce bon génie m'avait, lui si grand, toléré, moi si petit, à ses côtés. Au contact de sa lumineuse intelligence s'élargirent mes horizons, restés cependant limités ; il m'apprit à penser.

Aussi n'était-ce qu'une pieuse dette que j'acquittais partiellement, en 1890, en veillant à la translation de ses cendres de Boulaq à Ghizeh. Restée intacte, ma vénération pour son illustre mémoire m'inspira, en 1894, le projet de faire transférer à Kasr-el-Nil le monument funéraire de Mariette, d'obtenir qu'une statue lui fût érigée et que son nom fût donné au boulevard du nouveau Musée.

Après des fortunes diverses, ce projet, intégralement réalisé, reçoit aujourd'hui sa consécration solennelle et définitive. Reconnaissante au même titre que la France, l'Egypte vient de rendre au glorieux serviteur que lui fut Mariette, un éclatant et suprême hommage.

La statue actuellement dévoilée rappellera désormais aux Egyptiens, aux colonies étrangères et aux voyageurs, l'œuvre

---

* Le discours de CHÉLU BEY fut, en réalité, prononcé après celui de M. DE LA BOULINIÈRE, Ministre de France.

incomparable de Mariette et les inestimables services que lui doivent la France, sa patrie d'adoption, et la science mondiale.

Au Ministre de France, qui me prodigua ses encouragements ;

Au Représentant de S.M. Britannique, qui témoigna à mon œuvre le plus efficace intérêt, attestant ainsi que la science n'a pas d'exclusive patrie ;

Au Gouvernement Egyptien, qui voulut bien la couronner;

A M. Maspéro, qui assuma le soin de la parachever, heureux et reconnaissant, j'exprime mes sentiments de profonde et respectueuse gratitude.

*
* *

La conception, si française, dont la réalisation est aujourd'hui un fait accompli, se heurta longtemps à une opposition latente mais irréductible et qui ne désarma jamais. Les opposants obéissaient à divers mobiles sur lesquels il serait oiseux de s'appesantir ; sans autrement insister sur cette erreur anti-française, nous nous bornerons à constater, une fois de plus, que si généreuse, si grande, si noble soit une idée, elle semble souvent ne valoir que suivant la fonction ou le rang de celui qui l'émet. Tel fut le cas pour le projet conçu et lancé par le représentant en Egypte de la famille de Mariette Pacha. Certains de ses adversaires s'employèrent à en contrarier et à en retarder l'éclosion simplement parce qu'ils n'en étaient pas les auteurs.

D'autres encore furent nettement hostiles pour des raisons étrangères à Mariette.

Le projet ayant quand même abouti, ses opposants s'empressèrent d'en revendiquer l'honneur pour eux seuls *. La lettre ci-dessous met les choses au point ; elle est, à ce sujet, amplement édifiante.

* Voir appendices.

M. A. MARIETTE, fils de l'illustre savant, à A. CHÉLU BEY.

Le buste de mon Père vous a été expédié à Paris, confor-
mément à vos instructions. J'espère qu'il vous parviendra
sans retard au Caire.

Je vous offre ce bronze, mon cher Monsieur Chélu, en
témoignage de ma très vive et toute filiale reconnaissance
pour tout ce que vous avez fait pour la mémoire de mon
Père. Je sais que le projet d'érection de la statue de Mariette
Pacha est dû à votre initiative ; je sais que pour mener à
bien votre œuvre, vous avez eu de très grosses difficultés à
surmonter, des obstacles à vaincre, et n'ignore pas que sans
vous, sans la pensée généreuse qui vous animait et qui vous
a soutenu, la statue de mon Père n'existerait pas au Caire.
Je n'en ai jamais douté, et c'est pour toutes ces raisons que
je vous dois une très grande gratitude, dont je suis heureux
de vous donner aujourd'hui l'assurance bien sincère.

En voyant le buste, vous reconnaîtrez la maquette de la
statue de Puech et vous pourrez constater que, si le statuaire
n'a pas connu mon Père, il a su, malgré tout, donner à sa
physionomie une allure très ressemblante, je dirai même
presque parfaite.

Il n'existera que deux exemplaires en bronze de ce buste :
l'un, je l'ai — c'est tout naturel — ; l'autre — et c'est également très naturel —, c'est à vous qu'il est dû, et je vous en
fais hommage sachant que vous serez heureux de le posséder
et de le conserver chez vous en souvenir de tout un passé
dont l'éloignement n'a pas atténué les effets.

Je vous serai très reconnaissant de me faire savoir si le
buste vous est parvenu en bon état et vous renouvelle, mon
cher Monsieur Chélu, toute l'expression de ma bien vive
amitié.

A. MARIETTE.

Arras, le 1er Décembre 1906.

* * *

Les pages précédentes n'ont aucune prétention littéraire. La longue carrière de celui qui les a tracées le prémunit, à ce point de vue, contre toute illusion : s'illusionner est le propre des jeunes, et il ne l'est plus. Puisse, de leur lecture, se dégager cette impression que, s'il est de plus éloquents défenseurs de ce que la France possède encore, en Egypte, d'intérêts matériels et moraux, il n'en est pas de plus ardemment dévoué que le modeste et reconnaissant ami de l'illustre savant et du grand Français que fut Mariette.

Avril 1908.

X

APPENDICES

A. Chélu Bey à Sir William E. Garstin
Comment s'écrit l'Histoire
Hommage suprême à Mariette
Erratum

A. Chélu Bey, Mandataire de la famille de Mariette Pacha,
   à Sir William E. Garstin, K. C. M. G.,
     Sous-Secrétaire d'État au Ministère des Travaux Publics.

Monsieur le Sous-Secrétaire d'Etat,

Sa Seigneurie the Earl of Cromer, Agent et Consul Général de S. M. Britannique, en Egypte, voulut bien me donner l'an dernier, les assurances ci-après :

1° Un monument serait élevé à la mémoire de Mariette Pacha.

2° Le nom de l'illustre Egyptologue serait donné à la voie aboutissant au nouveau Musée de Kasr-el-Nil.

Sa Seigneurie m'autorisa, en même temps, à vous faire part, ainsi qu'à M. le Conseiller Financier du Gouvernement Egyptien de ses dispositions bienveillantes.

En ce qui concerne le monument, les intentions de Lord Cromer se sont depuis traduites par des faits : Une statue de Mariette a été demandée au ciseau de l'un des plus éminents statuaires contemporains.

Quant à la dénomination à donner à l'une des voies du Caire, j'ai l'honneur de vous soumettre, ci-joint, un plan établi par mes soins, des approches du nouveau Musée de Kasr-el-Nil. Sur ce document, j'ai pris la liberté d'indiquer :

a) La voie A, à laquelle je serais heureux de voir attribuer le nom de Mariette Pacha ;

b) A défaut de la première, la deuxième voie où est situé l'Institut Français d'Archéologie.

M'autorisant de la promesse ci-dessus rappelée, j'exprimerai le vœu qu'il vous plaise, Monsieur le Sous-Secrétaire d'Etat, de ratifier l'un ou l'autre de ces choix et vous prie, par avance, d'agréer, avec l'hommage de ma profonde gratitude, l'expression très respectueuse de ma haute considération.

                  Signé : A. Chélu Bey.

Le 17 Novembre 1901.

COMMENT S'ÉCRIT L'HISTOIRE

A propos d'une invraisemblance que répercuta la presse parisienne et qui visait le futur monument de Mariette Pacha, nous disions naguère : « Comment se crée une légende ». Disons aujourd'hui : « Comment s'écrit l'histoire ».

Nos grands confrères de Paris viennent à nouveau d'entretenir leurs lecteurs de la question de la statue du grand savant français, dont l'exécution a été demandée au maître Denys Puech. Tous sont unanimement muets, quant au compatriote qui conçut et fit aboutir le projet de monument que l'Egypte va ériger à la mémoire du grand Français, de l'illustre savant qui reconstitua son antique histoire et lui consacra toute sa vie.

Nos estimables confrères de Paris se distinguent rarement par la précision de leurs informations, quant aux choses de l'Egypte. Toutefois, ignorance ou partialité, leur mutisme ne laissa pas, en l'occurrence, de nous étonner. C'est pourquoi, et afin d'éclairer notre religion, nous avons sollicité la faveur d'interviewer l'aimable et éminent promoteur de l'œuvre de Mariette Pacha. Voici ce que, de la meilleure grâce du monde, voulut bien nous déclarer M. Chélu Bey :

Le souci de la réclame n'ayant jamais inspiré aucun de mes actes, il m'importe, en somme, assez peu que la presse parisienne attribue à telle personnalité ou à telle autre, l'initiative du monument auquel M. Denys Puech met actuellement la dernière main.

Nul n'ignore ici et à Boulogne-sur-Mer, ville natale de Mariette et la mienne, que ce monument est mon exclusive conception. Cette notoriété, locale pour l'Egypte, de clocher

*pour Boulogne-sur-Mer, me suffit. Mariette m'amena en Egypte
et me fit l'inoubliable honneur de m'admettre à son foyer.
J'ai voulu reconnaître la dette de profonde reconnaissance
que j'avais ainsi contractée. Infiniment heureux de la réalisation de mes espérances, je ne souhaite rien de plus.*

Ayant insisté sur la genèse de l'œuvre et sur les difficultés
contre lesquelles elle se heurta longtemps, M. Chélu Bey
voulut bien nous la résumer comme suit :

*Lorsqu'il fut question de construire un nouveau musée des
Antiquités à Kasr-el-Nil, estimant que l'Egypte devait à la
mémoire de notre célèbre compatriote plus que le carré de
terrain consacré à son monument funéraire, je conçus le projet
de solliciter du Gouvernement Egyptien la translation, à
Kasr-el-Nil, des cendres du grand savant, l'érection d'une
statue de Mariette et d'obtenir que son nom fût donné à la
voie conduisant au nouveau Musée de Kasr-el-Nil.*

*L'œuvre avait abouti en 1900, après une campagne de sept
années. Elle eut pour adhérents et défenseurs : MM. Ribot,
Guillain, députés et anciens ministres, Farjon, député, et
Huguet, sénateur du Pas-de-Calais, tous concitoyens, amis et
admirateurs de Mariette; MM. de Morgan, troisième successeur
de Mariette, Dourgnon, architecte du nouveau Musée de Kasr-
el-Nil, Melchior de Vogüé, de l'Académie française, Xavier
Charmes, de l'Institut. L'assistance morale de ces Français
éminents me fut un précieux réconfort. Mais je dois payer un
tribut tout spécial de gratitude à l'action amicale et dévouée
de M. le Sénateur Boudenoot qui voulut bien intervenir
énergiquement et efficacement en faveur de ma cause.*

*J'ai, en maintes circonstances, rendu justice à chacun de
mes collaborateurs français, au Ministre de France, ainsi
qu'au représentant de la Grande Bretagne qui voulut bien faire
bénéficier l'œuvre de sa haute et bienveillante assistance, témoignant ainsi que la science n'a pas d'exclusive patrie.*

Ma tâche est accomplie. C'est à l'éminent M. Maspero, qu'il incombe de la parachever. Quoi qu'il puisse survenir désormais, le nom de Mariette survivra sur les bords du Nil, dans cette Egypte qu'il a tant aimée et où il voulut revenir pour mourir.

Une dernière question :
Le monument funéraire actuel de Mariette Pacha est-il ou non la tombe en granit d'un ancien Pharaon ?

Le sarcophage en marbre où reposent les cendres du grand savant est moderne. Il a été érigé en 1883 par les soins de M. Ambroise Baudry qui fut longtemps architecte au Caire, et qui était le frère de l'illustre peintre Paul Baudry.

Sur ce, nous prîmes congé de M. Chélu Bey. Nos lecteurs tireront sans doute de ce qui précède, cette conclusion qui est nôtre et que nous rappelons volontiers ici :
A chacun selon ses œuvres et ce n'est que justice.

Extrait de la *Bourse Egyptienne* — Avril 1903.

HOMMAGE SUPRÊME A MARIETTE *

A l'heure où paraîtront ces lignes, un grand acte de justice s'accomplira. Un des plus glorieux fils de notre pays, Auguste Mariette, recevra la consécration publique de sa gloire sur la terre lointaine où il fit rayonner le génie de la France. La journée du 17 mars verra l'inauguration au Caire du monument élevé à l'Egyptologue. En 1881, au lendemain de sa mort, j'essayais de dire ce que nous perdions avec ce maître des intuitions savantes ; et je formais le vœu que bientôt, parmi les statues des anciens Egyptiens qu'il avait retirées du néant, la sienne se dressât. Elle a attendu vingt-trois ans : peu de chose, pour ce patient remueur de siècles. Edmond About écrivait déjà, du vivant de Mariette Bey : « Il honore la France, l'Egypte, l'humanité ; et, quand il sera mort de désespoir, on lui élèvera peut-être une statue ».

Ce vaillant lutteur n'est pas mort de désespoir ; malgré tout, il a parfait sa tâche ; mais au prix de quelles fatigues, de quels déboires, de quels combats incessants contre les hommes et la nature ! On peut vraiment le compter parmi les victimes de la science. Athlète pris rudement en plein bloc, comme les colosses de granit qu'il gardait, il a été terrassé avant soixante ans : nous l'avons vu prématurément usé par le travail, les yeux perdus, la santé ruinée par un climat qu'il supportait mal et refusait de quitter, sentinelle obstinée au poste où l'attachaient la passion scientifique et le devoir français. Il s'est couché là-bas, le fidèle gardien, pour continuer de veiller sur son trésor, du fond du sarcophage antique où il a remplacé un Pharaon inconnu. Juste

---

* L'illustre auteur de ces pages éloquentes avait suivi, pas à pas, la longue et, en fin de compte, victorieuse entreprise de Chélu Bey ; il lui avait constamment prodigué ses précieux encouragements.

et consolant triomphe de l'esprit : on ne sait rien, pas même
le nom de ce roi fastueux qui commandait à des millions
d'hommes ; et tous les âges conserveront la mémoire du
modeste savant qui occupe à meilleur titre son trône funéraire.

Tel nous l'avions connu, toujours inquiet de son peuple
de pierre et jaloux de ses richesses, tel Mariette est demeuré
dans la mort. Il a suivi ses dieux et ses rois dans leurs péré-
grinations successives : de la petite maison de Boulaq où
il les assembla d'abord, où il vécut et commença de reposer
auprès d'eux, jusqu'à ce logis provisoire de Ghizeh, — un
ancien harem, — où ils déménagèrent ensuite ; et enfin dans
le nouveau musée qui les abritera désormais : palais somptueux et définitif, judicieusement aménagé pour ces inap-
préciables collections. On y admirera le savoir de M. Maspero,
qui a présidé à l'installation du musée, et plus encore le
sentiment pieux de ce digne continuateur de Mariette.
Artiste et poète, lui aussi, comme l'était son maître, M. Maspero me fit un jour l'honneur de me confier le projet grandiose qu'il méditait. Il eût voulu que le tombeau du savant
fût placé dans la salle des souverains, au milieu de tous les
Pharaons ressuscités par lui : soixante momies royales, —
les Thoutmès, les Rhamsès et leurs successeurs, — auraient
monté la garde funèbre autour de leur évocateur.

Les circonstances ne se sont pas prêtées à la réalisation
de cette belle idée. Mariette aura du moins dans la cour
d'honneur la place qui lui revient de droit. Le sarcophage,
ramené de Ghizeh, est en évidence sur un large hexaèdre ;
une statue de trois mètres le domine : M. Denys Puech y
a fait revivre le relief vigoureux de la figure, chargée de
pensée, et comme alourdie sous le poids des siècles que l'esprit interrogeait sans relâche.

On va dévoiler la statue. Trop rares, hélas ! seront nos
compatriotes qui entoureront devant elle M. Maspero. Avec
une autorité qui n'appartient qu'à lui, il leur dira la haute

signification de ce monument. Ne fallait-il pas qu'aujour-
d'hui, dans notre Paris, une voix française lui fît écho ?
Il est occupé de tout autre chose, notre Paris ; avec l'Europe,
avec le monde, il est absorbé par les péripéties du drame qui
passionne tous les esprits. Les objets de nos préoccupations
actuelles n'auront qu'un temps, ils iront s'ajouter dans
l'histoire à la longue série des accidents pareils. L'œuvre de
Mariette subsistera, continuant son sourd travail dans les
intelligences, élargissant peu à peu notre ancienne conception de l'univers, de nos origines, de nos rapports avec la
durée.

Une compétence très spéciale est requise pour louer chez
Mariette le savoir et les talents de l'archéologue, du philologue ; mais pour comprendre la portée générale de ses travaux, c'est assez du goût de l'histoire, d'un peu de curiosité
philosophique ; et il suffit d'être homme pour admirer la
vie de cet homme. Je ne répéterai pas ici ce que j'en ai dit
ailleurs : on ne résume pas en quelques lignes l'existence
épique d'un conquérant, toute remplie de batailles, de victoires, et parfois de cruels revers. Je renvoie, pour de plus
amples détails, au petit volume de *Souvenirs personnels* que
M. Edouard Mariette, frère de l'illustre savant, va déposer
en hommage au pied du monument de son aîné.

La prodigieuse invention du Sérapéum, en 1851, avait
signalé du premier coup le jeune égyptologue à l'attention
du monde civilisé ; comme les longues galeries souterraines
où les torches de ses Arabes faisaient rentrer la lumière, au
soir émouvant de la découverte, des avenues de siècles sor-
taient de la nuit, éclairées enfin par les textes hiérogly-
phiques qu'il déchiffrait sur les tombeaux des Apis. Ses
fouilles heureuses enrichirent d'abord notre Louvre ; elles
créèrent ensuite le Musée du Caire, à partir de 1858, quand
Mariette Bey fut attaché par le vice-roi Saïd et s'attacha
lui-même pour toujours à cette ensorcelante Egypte. Durant
trente ans, sous la pioche divinatrice, les anciens Empires

surgissent tour à tour des sables où ils dormaient. Les victoires de Mariette se nomment, comme celles de Bonaparte, les Pyramides, Héliopolis, Esneh, Thèbes, Philæ ; mais des victoires du savant, il est resté davantage.

Les résultats matériels des découvertes, tant de monuments déblayés qui émerveillent le voyageur dans toute la vallée du Nil, ne sont que le moindre butin de ces glorieuses campagnes scientifiques.

Mariette a fait au monde un don autrement précieux : les révélations lumineuses qu'il arrachait à ces pierres. Le grand service intellectuel du dix-neuvième siècle fut la vaste enquête ouverte de toute part sur les origines de l'humanité, sur des civilisations et des histoires que nos pères soupçonnaient à peine. Oserais-je dire que, dans ce service, Mariette a tenu la première place ? C'était l'avis de l'homme le plus qualifié pour porter un jugement dans cet ordre d'idées : en 1864, après qu'il eut examiné l'atelier de recherches qui fonctionnait en Egypte, M. Renan écrivait : « M. Mariette a vraiment fondé la plus grande entreprise scientifique de notre siècle ». Ce conjurateur des tombeaux en a tiré, quelques dizaines de siècles, ainsi ajoutés à l'histoire humaine. Noyés avant lui dans les brumes de la fable, objets de vagues conjectures pour les premiers égyptologues, ils ont reçu des investigations de Mariette une figure réelle, ils sont désormais rattachés à une chronologie solide. Les esprits les plus sceptiques renoncent à contester l'authenticité de ces vieux titres de noblesse, restitués par notre savant à tous les hommes. Qui nous fit jamais un plus beau présent ?

Ces illuminations n'ont éclairé d'abord que quelques initiés. Lentement, petit à petit, elles descendent dans tous les esprits, elles rectifient sur des points essentiels la courte et grossière idée que nous nous formions de l'histoire, elles aident l'homme à résoudre quelques-uns des problèmes qui font son éternel tourment. Quiconque lit et pense est aujourd'hui tributaire, par quelque ouverture de son intelli-

gence, d'un égyptologue dont il ignore peut-être le nom.
Si on payait les dettes intellectuelles aussi exactement que
les autres, chacun de nous aurait dû apporter sa pierre au
monument de Mariette ; et lorsque les visiteurs de toute
nation sortiront du nouveau musée, ébranlés par cette com-
motion intérieure à laquelle peu de personnes échappent,
gagnés par ce vertige qui chavire la pensée sur le bord de
l'abîme des temps, — chacun d'eux devra un salut reconnaissant à l'introducteur silencieux qui a laissé dans ce
musée son âme, sa claire et chaude âme de France, et qui
a fait jaillir là une source intarissable de profondes émotions.

Il répond enfin à une nécessité indiscutable, le nouveau
musée ; tout y a été ordonné de main de maître, pour conserver le plus précieux patrimoine de l'Egypte, pour en
faciliter l'étude aux étrangers. Et pourtant, s'il reste une
âme songeuse dans les simulacres et les cendres, j'imagine
que l'auguste compagnie, — les dieux, les rois et leur gardien, — regretteront parfois la poésie de leur premier cam-
pement : la vieille « Maison des Antiques du faubourg de
Boulaq, baignée par le Nil, menacée, caressée par les crues
du fleuve qui leur rapportait le limon natal de Thèbes et de
Memphis. Peut-être murmureront-ils, aux belles nuits, la
plainte qu'une touchante épitaphe prête aux mânes de la
jeune Egyptienne : « Je pleure après la brise, au bord du
courant du Nil, qui rafraîchissait mon chagrin ».

A mon dernier passage au Caire, j'allai un matin, dans la
longue rue de Boulaq, à la recherche de l'inoubliable maison.
Je reconnus de loin la porte en forme de pylône, la cour, les
acacias qui ombrageaient jadis l'humble toit du Bey. Sur
le linteau du portail, un écriteau m'apprit la nouvelle destination de l'immeuble : *Salt store*, — Entrepôt du sel. Le
chaouiche de garde m'interdit l'entrée ; je parlementai avec
les employés : étonnés, ils ne comprenaient pas ma curiosité,
ils répétaient : « Pas monument ici, rien à voir ! — Si, bra-
ves gabelous : les dieux invisibles, exilés, et la figure absente

du grand ami, et ma jeunesse, les journées de rêve, les heures de fièvre intellectuelle et d'enthousiasme telles que nul autre lieu ne m'en a rendu de pareilles ; aux jours où je suivais, entre les reliques amoncelées dans ce hangar, l'éloquent exégète qui arrachait à leurs bouches si longtemps muettes une histoire effrayante de recul et de grandeur ; alors qu'il me faisait descendre sous sa conduite dans des cercles toujours plus profonds, ceux où le compagnon florentin voyait les corps qui ne font plus d'ombre s'assembler et discourir au commandement de Virgile. C'était, comme dit leur *Rituel funéraire*, en parlant des âmes libérées, *la manifestation à la lumière*. Puis, au sortir des salles où la nuit retombait sur les momies, l'enchantement du radieux couchant dans le ciel rose, la causerie évocatrice prolongée sur la petite terrasse qui surplombe le Nil ; la parole inspirée renouait le lointain passé au présent dans la gloire du fleuve indéfectible, dans l'inépuisable et douce vie qu'il charriait, palpitante sur ses flots, sous les voiles, sous les palmes... — Ces souvenirs me ramenaient à Boulaq, après tant d'années ; je m'attardais à regarder les arbres, les silhouettes hiératiques encore peintes sur le mur du vestibule, et dont les couleurs se délavent, s'effacent... Narquois, soupçonneux, les gabelous du Khédive, m'épiaient se demandant quel secret je voulais dérober dans ce magasin d'État. Comment leur faire comprendre, et comment faire comprendre au lecteur des choses indicibles, l'attrait poignant de cette masure devenue banale, qui ne fut peut-être pour d'autres qu'un musée d'antiquailles, et qui me retenait ce jour-là comme nous retiennent les lieux gardiens du meilleur de notre vie, les places où gît enseveli un grand amour de jeunesse ? Dans mon sanctuaire profané, les beaux vers de Lermontov me revenaient à la mémoire : « Je n'ai pu le désaimer ; — car le temple déserté reste quand même un temple ; — l'idole renversée demeure quand même un dieu ».

Sachons sacrifier nos cultes intimes au progrès. D'autres

trouveront dans le nouveau temple les mêmes fortes impressions, les mêmes élévations de pensée. Mais ils n'y trouveront plus l'homme incomparable qui métamorphosait sa science en poésie, qui lui attachait de larges ailes pour emporter son auditeur sur les sommets philosophiques. — Une fois de plus, j'adresse à sa mémoire le faible hommage de ma gratitude, conjointement avec les Français de là-bas qui s'inclinent à cette heure devant sa statue. J'aimerais qu'ils eussent gravé sur le socle la parole de l'Ecriture qui s'applique à lui mieux qu'à tout autre : « *In congerie mortuorum vigilabit.* — Il veillera sur l'amoncellement des morts ».

MELCHIOR DE VOGÜÉ,
Extrait du *Gaulois* — Mars 1904.

ERRATA

Page 37, ligne 15, lire *inutilisés* au lieu de *utilisés*.
Page 46, ligne 25, lire *Pount* au lieu de *Poux*.
Pages 1 et 105, lire *Errata* au lieu de *Erratum*.

www.ingramcontent.com/pod-product-compliance
Lightning Source LLC
Chambersburg PA
CBHW052055090426
42739CB00010B/2188